中国近代
民营工业企业集团研究

张耕 著

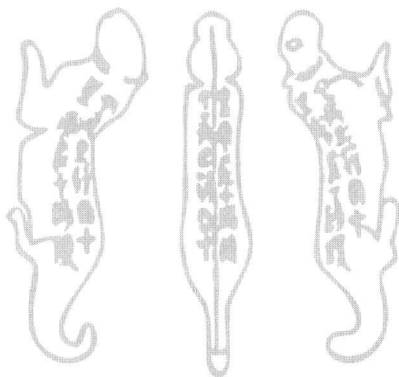

人民出版社

目　　录

第一章

导 言

一、近代民营工业集团的有关概念、选题考虑及研究意义

研究近代企业集团,首先要对企业集团作一个含义的界定。一般认为企业集团是由不同的法人企业组成的企业联合体,是第二次世界大战以后发展起来的一种新的企业组织形式。本书不采用这个观点。因为即使同一个法人也可以拥有多个生产单位,形成一个企业的联合体。在中国近代,属于同一资本的,由多个生产单位组成的企业联合体就可以称为企业集团。厉以宁曾对企业集团作过界说,他认为"企业集团是企业之间横向经济联合的产物,它是若干个企业在同一地区,同一部门或跨地区、跨部门的经济联合体。"[1]这可以说是学术界比较有说服力的定义。以此为标准,本书对近代中国工业企业集团进行研究。其次要说明的问题是"民营"。按照传统的理论,对中国近代资本的划分是采用外国资本、官僚资本、民族资本的标准。近代有些人提出,民族资本是相对外国资本而言,中间夹杂着一个官僚资本有些不伦不类,因此主张近代资本形式划分为外国资本、政府资本、民间资本几种类型,而把

政府资本和民间资本合称为民族资本。作者基本同意这一看法，但认为民间资本并没有将官督商办、官商合办的几种企业组织形式包括进去。为了更清晰地划分各种资本的界限本书采用了外国资本、政府资本、民营资本的划分方法。在一定意义上民营资本基本等同于传统意义上的民族资本。

经济史学界对中国资本主义史的研究由来已久，而且对资本主义的研究有一个逐步细化的过程，由原来的对于总发展轨迹的描述，愈来愈详细到对某些行业、某些地区的资本主义发展状况的研究。更进一步，从80年代中后期，有关企业史方面的著述也丰富起来。但是相比较而言，对资本主义中、微观方面的研究依然不足。在对企业史的研究中，大多是就某一个企业，或对企业的某一个方面的管理，经营策略等进行专门的研究，而把几个企业结合起来，进行全方位，多层次的综合比较研究的论著尚不多见。本书的选题是民营工业的企业集团，对中国资本主义史的研究有一定意义。在中国资本主义发展过程中，工业是在各行业中的先导产业，企业集团则是这个先导产业中发展最快、规模最大、技术最好的部分，它们代表着中国资本主义发展的最高水平。因此对工业企业集团的研究可以明确地说明中国近代经济发展与不发展的具体原因及其影响。

另外，本书的选题也是对我的导师吴承明先生关于经济史研究指导思想的一个贯彻。1989年吴先生就指出："无论是研究中国近代化过程或资本主义发展过程，从考虑方法来说，总的不外两种方式，即系统论方式和因素论方式。就我国现有的历史资料情况和研究的成果来看，我历来倾向于采取后一方式。在这种思考方式中，企业有如细胞，企业史具有更重要的作用。"[2]

二、关于中国企业集团研究的国内外学术概况

大陆对资本主义企业史的研究始于 20 世纪 50 年代,在许多专家学者的努力下,编辑出版了一整套企业史料。这一工作一直延续到 60 年代。80 年代以后,一度中断了的企业史编辑工作又恢复了正常,与此相关联,一些企业史的研究专著也相继面世。这些论著持论新颖,颇有独到之处。从侧面反映企业史的材料也有很多,如有关企业史、企业人物的全国及各地方的文史资料选辑;不同时期出版的近代企业家传记;某些行业史研究等等,都从不同的角度为企业史研究提供了不少方便。最能代表企业史研究目前状况的是企业史方面的专业论文。从总体上看质量在提高,而且研究的问题层次在加深,问题在细化。

海外和港台的经济史研究从来也没有忽视过企业史这一方面,由于条件的限制,我看到港台方面的研究成果不多,但有些文章从侧面涉及企业史的内容,如对企业管理中家族制管理的研究,水平颇高,角度新颖,解释问题的方法颇有意味。由于条件的限制,作者只能阅读到一些英文材料,而英文中专论企业史方面的文章如凤毛麟角,颇难搜寻,只在相关文章中略微了解,在这里就不便妄评了。

三、本书采用的研究方法及说明

本书的研究对象是近代民营企业集团,涉及的问题比较多,面比较广,既有企业集团的生存环境,又有集团内部的经营管理,因此在对企业集团内部经营管理的分析中我们采用了管理学的分析方法,而对其生存环境的分析采用的多是经济学、社会学的一些方法,如在经济学中采用了一些新制度学派的观点,在社会学中采用

了一些对人文环境的分析方法。

西方企业管理学的正式奠基是以泰罗的科学管理学说的创立为标志的。以机械化大生产的企业为研究对象,他所提出理论的核心就是如何提高劳动生产率。泰罗及其追随者在科学实验的基础上,制定出标准操作法,从而总结出一整套管理体系,在美国一些企业使用后,确实起到了提高劳动生产率的作用,于是很快便在西方企业界推广开来。

古典管理理论的另一个代表人物法约尔则从企业整体的角度对管理组织结构进行了研究。他把管理当作经营企业的六种职能活动之一,同时又把管理概括为五种活动,即:计划、组织、指挥、协调、控制等。以后,古典学派经过韦伯、克利克、厄威克等多人整理阐述,更为系统化,企业管理作为一个重要的研究课题而日益受到重视。

在古典学派中,企业中的职工被当作“经济人”,职工与企业主的关系也是监督与被监督的简单组合,他们之间只有经济利益的分割,没有感情上的联结。简单地说,泰罗的科学管理就是用胡萝卜加大棒,以此刺激工人提高劳动生产率,法约尔的组织管理制度也多注重于管理者与被管理者的客观关系。然而,泰罗制管理的严厉手段和有些不现实的高标准定额挫伤了工人的积极性,工人开始用罢工、怠工等手段对付严格管理,泰罗制开始失灵。

行为学派开始把企业中的人也当作社会人来研究,寻求雇主和工人双方合作的更广泛的基础。所谓行为科学,就是“运用心理学和社会学的理论、方法和技术,对管理中人的方面及人际关系方面进行研究”。行为学派通过一系列的试验和研究得出了几个重要结论:(1)企业职工是“社会人”,是复杂的社会系统的成员。(2)企业中除了“正式组织”之外,还存在着“非正式组织”。(3)

新型的企业领导能力在于通过提高职工的满意度来激励职工,达到提高生产率的目的。行为学派在管理理念上前进了一大步。

西方管理学的研究水平随着西方企业管理水平的提高而进步,两者相互促进,理论与实践是基本契合的。然而中国的企业发展则与此有很大差距,其企业管理理论和管理方式在沿着一条独特的道路发展。

中国近代企业的产生并不是资本主义萌芽发展的自然结果,而是对外国资本主义生产方式的移植。但是从管理方式上看,近代企业很大程度上保留了传统小生产方式的企业管理形式,即对工人使用简单监督和封建关系束缚的管理。

泰罗制的传入在中国同样引起了一场管理革命。20 世纪 20 年代以后,中国近代企业已初具规模,原来的管理方式显然已经落伍,因此当穆藕初把科学管理介绍到中国以后,加上从西方游学归来的第二代企业主的推动,很快形成一场管理体制改革的热潮。此后,西方企业管理学说的发展一直受到中国企业界有心人的关注,并注意将其运用到企业管理的实践之中。因此在二三十年代之后,在中国企业中找到行为学派及以后管理学派理论在实践中的痕迹并不十分困难。

但是,外来的管理理论所能改变的仅是管理的形式,在近代企业的管理中根深蒂固的是以中国传统文化为其精神核心的管理本质。这里仅举张謇集团的企业即可证之。在西方管理学说传入中国之前,大生纱厂既已开车生产,采用传统的管理方式。大生纱厂的职工主要是从本地招收的农民,具有强烈的乡土意识,入厂后容易形成以地域为单位的非正式组织。张謇深明此道,并加以巧妙利用。他以地缘关系和血缘关系任命职能部门负责人,使非正式组织的首领变成企业管理层次的正式组织负责人,通过企业制度的正式管理和乡土人情的非正式管理的有机结合,双管齐下,督促工人提高生产积极性。不仅如此,张謇对普遍性的工人需求也相当看重,在一定条件下满足他们的生活需要。农忙时节,大生纱厂便关门停产,让工人回家参加农业劳动。春节期间,全厂放假,让职工回家过年。这些措施对职工安心生产、提高劳动生产率起到了一定作用。尽管大生纱厂工人生产定额颇高,工人生活也相当困难,但罢工却极少发生。这一方面是因为工人生活比贫困农民生活相对比较好,另一方面张謇以传统文化为出发点的管理方式在思想上对工人也有影响。

如果从西方管理学的观点看,张謇在大生纱厂的某些做法与行为学派的某些结论颇有暗合之处,这证明中国传统文化中也有着行之有效的企业管理思想,因此,当西方管理理论传入中国之后,经过中国企业家的革新改造,与中国传统思想相结合,形成了具有中国特色的管理方式,这也为我们使用西方管理理论分析中国近代的企业管理提供了依据。

我们研究历史的基本方法都是以马克思主义基本原理作指导,但在具体研究方法上也吸收一些传统的和西方的研究方法,本书在一些地方采用了新制度学派的一些研究方法和结论。

研究企业集团的外部环境对分析企业集团的产生和发展具有非常重要的意义,新制度学派的研究方式和一些结论,对我们研究的问题具有一定的借鉴意义。

近代以后,外国资本主义势力的侵入全方位地改变了中国传统社会的发展进程,上从国家的政治、法律制度,下至民间商事习惯无不受其影响。侵略者用西方资本主义的程式来规范中国的社会经济运行,企图把中国所有社会经济活动,纳入西方人的制度框架内。为此,外国人在能够涉及到的一切范围内都对中国施加影响。

在近代资本主义制度的影响下,中国逐步建立健全了一整套以保护个人产权的政策、法律制度,到国民政府统治的 30 年代,具有资本主义性质的商法体系已经相当完备。

如果说早期外国资本主义在制度方面对中国的改造,中国是被动接受的话,那么,在形成一定的制度环境后,中国自生的民族资产阶级为了保护本阶级利益,也成为促进制度变革的重要力量,它对制度改造的要求比西方有更为纯粹的进步意义。

合理的制度变迁应该在保护产权和降低交易费用两方面起积极作用。但是制度变迁的方向受到诸多因素的影响,其重要者为社会各势力集团的消长和积淀已久的传统社会观念。前者会在极短的时间内使原来发生作用的正式制度安排以及占国家主导地位的意识形态发生剧变,而后者则对长期在社会基层中发挥作用,或在正式规则不起作用的地方产生影响。

纵观整个中国近代史就是一部社会各势力集团的斗争史,从晚清到民国,社会制度为一巨变;从北洋军阀统治到国民政府定都南京又为一剧变;1937 年后全面抗日战争爆发,全民共同抗战,社会制度又为之一变。总体上看,历史沿着曲折的轨道在前进,每一次制度变迁都有其合理进步的一面。但是势力集团的激烈斗争以及胜方掌握政府后为满足本集团的最大利益重新所做的制度安排,不仅损害了其他集团的利益。而且破坏了经济发展的连续性,使经济发展的正常进程被打断。资本的重新积累,生产单位的重新组织耗费了大量的社会财富,延迟了中国近代化的进程。

政府的频繁更迭对占有主导地位的国家意识形态的连续性也产生了破坏作用。人类社会思想的进步是一个缓慢的过程,如果要求近代中国人在短暂的时间内对适合中国国情的制度安排有一个明确认识是不近情理的。但是这种思想认识的滞后导致了制度变迁很难一步到位,滞后的制度变迁也成为势力集团重新构建制度环境的重要原因。由于政府更迭频繁,国家的意识形态也经常改变,人们价值观的混乱,行为导向的多元化,都加剧了社会的无序状态。但这只是问题的一方面,或者说具有表象的一面,更深层次的问题并不能轻而易举地撼动。

在国家意识形态经常变更的情况下,由传统积淀下来的社会观念则已经深深地植根于每一代中国人的思维行为当中。在社会正式规则不健全或无效的地方,这些传统文化的非正式规则起着重要作用。"非正式制度安排由于内在传统和历史积淀,其滞后现象可能更为严重一些"。非正式制度安排恰恰是由于经常长期地滞后,而愈加难以改变,直至形成被称之为民族性的一些鲜明特征。"非正式规则既可以由技术变迁过程的推动而较早地更新,也可以有外部示范或移植。但是一种非正式规则能被移植,不仅取决于外部力量的强弱,而且更重要的是取决于接受国的传统习惯对移植对象的相关程度"。[3]如果移植对象与接受国的非正式规则的亲和力愈强,移植成功的可能性就愈大。反之,相互间差别越大,移植过程中的交易成本就会提高,甚至移植难以成功。中国近代之所以没有在实质上接受西方制度的移植,其根本原因即在于此。那些移植过来被中国人所吸纳的规则,或者是找到了与传统习惯某些相似的契合点,或者只是附着于传统的非正式规则外面的表面现象。因此从本质上说,近代外国资本主义对中国制度安排的影响相对于传统的非正式规则的影响来说终究是非常肤浅的。

由于中国历史悠久,传统文化深厚,传统的思想文化意识在近代乃至当代生活中仍然发挥着重要作用,忽视它就很难对中国的社会本质进行解释，尤其是在外国势力对中国冲击时产生的变化的描述中会产生难以想象的困难。因此，我们在书中采用了一些社会文化学的分析方法。

用社会学的方法研究历史是近代以来历史研究的一个新现象，其最大的优点在于把研究的主题放置于整个宏观的社会背景之下。任何一个事物的产生和发展都不是孤立偶然的，它与周围的其他事物有着广泛、密切的关系，只有对其相关的事物也进行详细分析，才能较为全面地阐释。

历史研究的分析方法应该是最熟悉，也是最常用的。历史分析的精髓即在于论从史出，有一分材料，说一分话，尽量客观地对历史现象进行分析，使其尽量地接近历史的真实。一个真正的历史学者无论其世界观如何，只要怀有尊重历史、尊重事实的严谨态度，对历史不作故意的扭曲，那么他的研究就是对历史学的发展做出了贡献。

四、本书的结构说明

本书研究的主题是中国近代民营工业企业集团的产生发展及其对社会经济变迁的影响，全文结构可以分成三大部分。第一章导言和第二章为一部分。第一章导言对分析方法进行了全面陈述，把文中使用的一些特别方法及专有名词进行了解释，把本书的国内外研究状况也作了大致介绍。第二章虽已进入正题，但勿宁说它仍然是一篇背景式的状况介绍，对与企业集团产生密切相关的基本环境作了较为详细的介绍，为以后的研究进行铺垫。

第二部分包括三、四、五章，以企业集团为对象，从其内部的组织管理、财务管理及扩张方式到外部经营活动，都进行了较为详细的分析。第三章是企业的生产组织管理，本章阐述了中国近代民营企业产生的条件及发展阶段的划分，具体选择了六家集团作为解剖对象，对这些集团的生产组织、人才吸纳、管理结构进行了多方面的分析，阐明了作者对这些问题的看法。第四章探讨的是企业集团在近代市场经济中的活动，从近代的市场环境说起，对民营工业企业集团在购买原料及产品销售中与官办企业和外资在华企业的激烈竞争情况进行了描述，对一些民营工业竞争取得胜利的经验和原因进行了总结。第五章研究的是这六个企业集团的扩张过程和扩张形式。一个企业集团的形成，除经营管理成功外，必须依靠坚实的资金基础。但是由于中国生产要素市场的不健全，尤其是资金市场的残缺，使民营企业集团在扩张中很难伸缩自如，为集团扩张经常债台高筑。只要金融市场上稍有风吹草动，企业集团都会感到沉重压力。尽管民营集团在扩张中采取了纵向一体化、横向一体化、混合一体化等各种集团组织结构，但是每一个集团都有纵向一体化的痕迹，这主要是因为中国工业基础薄弱，行业间的协调、配置能力非常软弱造成的，企业集团只有在内部发展主导与企业有关的各行业企业，才能满足自身需要。

　　第三部分包括六、七、八三章。在对企业集团本身进行研究之后，我们把注意力转向影响企业集团发展的外部环境。中国的企业集团并非生存在真空之中，它产生伊始即受到来自外国在华企业和官办企业的强大压力。不仅如此，因官方和外国政府造成的政治外交等方面的影响亦成为民营企业发展的重大障碍。在克服这些障碍时，民营企业集团由于可以利用与上层人物建立的一些私人和官方的密切关系，显示出比中小民营企业有一定优势。当然，爱国民主运动虽有潮起潮落，但它仍然是促进民营企业集团发展的最重要因素。能够体现一个社会特征的文化思想观念以及民间商事习惯对企业集团的影响是两方面的，即对民营企业集团的发展既有促进、亦有阻碍作用。民营企业集团作为当时社会先进生产力的代表,对社会经济环境亦会产生很大作用。大型企业集团往往是所在各行业的龙头企业,它们的发展与不发展在整个行业甚至对全国的经济状况都有着重大影响。事实上,民营企业集团领袖作为民族资产阶级的代表人物已经对政府的某些政策倾向显示出影响力,他们在社会发展中的作用也日趋重要。

尽管近代民营企业集团作为旧时代的产物已经随那个时代一去不复返了,但是民营企业家创造的许多经营管理经验却是历史遗留给我们的宝贵财富,总结这些经验教训,对现代企业的发展,尤其是对现代私营企业的发展亦不无借鉴意义。

第八章是全篇文章的结论,对各章经过分析得出的主要观点作了必要的综述和强调。

注　释

1　厉以宁:《企业集团与垄断竞争》,《光明日报》1986 年 10 月 18 日。

2　吴承明:《大生纱厂史稿·序》,北京:中国展望出版社,1990 年。

3　孔泾源:《中国经济生活的非正式制度安排》,《经济研究》1992 年第 7 期。

第二章

近代中国的经济发展状况及
民营资本企业产生的条件

一、外国商品输入引起的经济结构变化及交易方式的改变

(一)以棉纺织品为主的外国商品输入

1840年以后,外国输华商品中,占据最主要地位的是棉纺织品。中国本是一个棉纺织品大国,所产棉布也曾大量出口,但是在生产方式上却仍然是农村耕织结合状态下低效率的家庭生产,直到鸦片战争前也没有较大棉纺织手工工场出现。然而,英国自十八世纪以后,棉纺织业却突飞猛进地发展起来了。从1733年以后,英国的棉纺织业经过一系列的技术革新,创造了前所未有的劳动生产率。生产率的提高使棉纺织品的价格迅速下降,1775年到1826年这五十年里,棉纱的生产费用由每磅120便士下跌到6.5便士;机制长布的价格从1820年到1830年下降了18.5%。[1]英国棉纺织品因其价格低廉、产量巨大而拼命向国外推销,1840年输华的平纹棉布比1833年增加了将近5倍,棉纱增加了8倍多。尽管如此,英国棉纺织品在中国棉纺织品消费量中仍只占极小的比

例,它在中国拓展市场的过程中受到了中国小生产结构的顽强抵抗。因此,英国棉纺织品的输入只能是一个渐进的过程。由于英国纺纱生产效率提高较快,在中国表现为洋纱替代土纱的速度也较快。

洋(机)纱排挤土纱的过程

	1840	1860	1894
全国土布应有产量(万匹)	59732.7	60471.0	58915.8
上布消费用棉纱量(万担)	620.9	628.6	612.4
其中:消费用洋(机)纱量(万担)	2.5	3.5	143.4
比重(%)	0.40	0.56	23.42

资料来源:许涤新、吴承明:《中国资本主义发展史》第 2 卷,人民出版社 1993 年,273 页。

在棉纱排挤土纱的同时,洋布的进口也在增加,其速度虽然因为技术改进方面的原因而赶不上棉纱的输入,但从数量上看也是巨大的。鸦片战前夕,从广州进口的洋布只有 53 万匹,1860 年也不过 386 万匹。70 年代以后,由于粗布价格下降很快,其重量比细布更接近于土布,因而受到欢迎。据有人估算,1894 年,全国的土布消费量加上出口量共 68.63 亿匹,当年进口的洋布净量为 1334 万匹,折合标准土布 9169.8 万匹,国内生产的机织布折合标准土布 359.1 万匹;洋(机)布共为 9708.8 万匹,占应有供给量的 14.15%。[2]

外国商品的输入在一定程度上引起了中国经济结构的变迁。尤其是棉纺织品的大量输入导致了部分地区的以耕织结合为主的农村家庭生产方式的改变,原来以纺纱织布为家庭副业的农村劳动力只好向其他生产领域转移,如山东芝罘的纺工转变为草帽缏的编织者,海南文昌的纺工则放弃纺纱改为织布,以求能适应新的经济形势。中国家庭手工业生产方式的变化意味着本国的经济生活已经和外国经济状况发生联系,并且随着输入中国商品数量的增多,这种关联也越来越紧,以至于不可分割。国际市场上与中国有联系的商品价格的波动已影响着普通中国人的家庭生活。

如果说外国商品输入导致了中国经济生活的改变,那么,伴随着商品输入而来的资本主义的那一套经营方式也开始对中国产生影响。

（二）外国商品输入和本国商品输出的经营方式的变化及其对中国经济的影响

鸦片战争之前,清朝的对外贸易主要是通过广州来进行的。商品的进出口由十三行把持,外国人没有与中国商民直接进行贸易的可能。进出口贸易是以易货贸易为主,只有在货物不足抵偿时才以现银抵补。由于不能和中国商人直接接触,粤海海关在正税之外又额外勒索,加上行商对外船的货价又任意操纵,使外商深为不满,强烈要求取消公行对贸易的垄断。这个要求直到鸦片战争后,在《南京条约》里才得到满足。中英《南京条约》第五款规定:凡大英商民在粤贸易,向例全归额度行商,亦称公行者承办,今大皇帝准以嗣后不必仍照向例,乃凡在英商等赴各该口贸易者,勿论与何商交易,均听其便。[3]行商制度的废除使外国人有了与中国人直接交易的可能。在与中国人交易的过程中逐渐把外国的一些交易方式引入了中国,并且与本地交易方式相互融合,形成了即不同于纯粹西方资本主义的,也不同于纯粹中国商人交易习惯的经营方式。

五口通商后,上海在全国对外贸易中的地位迅速上升,很快便取代了广州,成为中国第一对外贸易大港。60 年代中期(1867年),包括丝茶在内的全部出口,上海一口达 3600 万海关两,是广州的四倍。进口方面,60 年代终了(1869 年),上海的全部进口货值达到 4900 万海关两,而广州则不过 500 多万海关两,只相当于上海的 1/9。[4]

上海进出口贸易的迅速增加吸引了外国来华的大多数洋行,1843 年底,上海开埠初期只有 25 名英国商民,10 年以后的 1852年,上海已有洋行 41 家。[5]在上海的洋行有两种类型,一种是以经营鸦片为主的老牌洋行,如怡和、宝顺、旗昌、沙逊、广隆、琼记等。它们以鸦片起家,在鸦片经营中已经建立起一套适合于进出口贸易的船队、仓库、码头等设备,形成了一些基本的交易渠道和方式。当西方纺织工业发展起来之后,它们又转为纺织品的经营,并开展一些合法的商品贸易服务。另一种是经营以纺织品为主的正当商品贸易的洋行,包括公易、义记、泰和、裕记等洋行。这些洋行在中国的历史较短,规格较小,行数则较多,主要是代理西方厂商的进出口业务,在中国推销棉毛纺织品,购回中国的丝茶。

洋行的设立和逐渐增多,使西方的交易方式渗透到中国,"他们带来了许许多多的商业规则和手续,他们限定不论大小交易都须用黑墨写在白纸的上面,才能作数。他们对于不论大小事情都须预先仔仔细细的约定,他们专注重界说和法律上的技巧"。[6]经过数百年的积累,西方世界已经形成了一整套适合于大规模生产的资本主义的交易方式,在交易过程中讲求的是准确、严密,不糅杂个人感情,即对任何交易都企图以制度来规范。这与中国人在交易中注重个人感情和信用的交易习惯是截然不同的。在两种方式

的交接处,外人总是采用强硬的态度迫使中国人屈服,"他们拟下
条款繁多的约章,硬要中国人在点线的上面签字。中国人稍微表
示不愿意时,他们便将战舰开进长江"。[7]然而,长期以来形成的以
中国文化为背景的交易方式是不会轻易改变的,而且"中国人虽
因碰到了三十二磅的炮弹不能不逃走,但心里是不服的"。[8]因此,
西方交易方式在中国的推广只能是缓慢的,洋行的交易方式是在
与本地的交易方式相互融合中逐渐产生出来的。是一种非中非西
的特殊方式,现就这些方式进行简略的考察。

1、洋行交易方式

作为在中国的代理商,洋行的早期业务较为简单,在与中国人
的交易中采用的大多是易货贸易,并对一些残次品进行拍卖。随
着贸易量的扩大,60 年代以后洋行的业务更加专门化,并且有逐
步被专业的经济部门替代的趋势,它们本身的进出口商品的贸易
方式也有所改变。

订货制度。经过多年推销,有些洋货在中国站稳了脚跟,有了
较大的需求量。华商改变了从洋行进货的单一方式,有时根据市
场的需要通过洋行向外国厂商直接订货。所谓订货制度,就是洋
行与中国商人订立合同,规定商品的品名、数量、价格及其他各项
条款,代中国商人向国外厂商购货物;或者接受外国厂商的报盘,
向中国商人兜揽订单。这样,洋行已不仅是外商在华的代理商,同
时也变成了中国商人的代理商。

五口通商时期,洋行的收货方式只局限于在五口的市场上直
接购买或派买办到内地收购。60 年代以后,长江对外开放,进出
口贸易在更大程度上打破了地域界限而变得更为直接。沿江口岸
洋行的开设无论是对购买土货,还是对推销洋货都更为便利。这
种便利也被中国商人所利用,他们也能够通过分布在各地的口岸

较为快速地掌握国内外市场信息,更为迅速地采取采购推销手段。即便如此,他们也远远落后于外国商人,在很大程度上受外国商人的操纵。

在售货方式上,中国商人也通过洋行采取寄售方式向国外销售货物,称之为"寄番"。寄番在公行时期就已出现,上海开埠初期也有采用这种方式的。19世纪70年代以后,由于国际丝茶市场操诸洋行之手,华商运货到开埠口岸以后,如洋行不愿收购,则大多数华商不愿再将货物运回,只有通过洋行运往国外销售。洋行并不承担风险,它只稳收佣金。华商寄番大多是在行市不景气时的无奈行为,把货物交给洋行销售更加没有把握。因此凡寄番货物十之八九都要亏赔,华商常因此而倾家荡产。

2、买办制度

买办作为洋行的业务助手,担负着洋行经营的重要职责。就促进外国洋行与中国商人之间的关系方面,他们至少在两个方面起作用。一是使外国银行与中国钱庄发生了直接联系;并建立了经常的业务关系;二是为洋行和中国商人之间沟通了正常的业务往来,建立了比较稳定的商业渠道。

钱庄是中国商业经营的金融支撑机构。外国洋行要想在中国站稳脚跟而与钱庄发生联系是不可避免的,买办则成为沟通他们联系的桥梁。洋行通过买办与中国金融机构接轨的方式主要有以下几种:

一种是买办帮助洋行创办或自己创办金融机构。买办是洋行与华商各项业务往来的保证人,在同钱庄的往来中他们的保证作用尤为重要。外国洋行尽管有心利用中国的金融机构扩大贸易,但由于对中国钱庄的偿付能力怀有戒心而止步不前,而买办的担保则在很大程度上打消了外商的怀疑。由于买办的担保,洋行和外国银行开始把钱庄票据作为收支的有效证券。银行给钱庄拆款据说是由汇丰银行买办王槐山首创。[9]钱庄在接受外国银行拆款的同时,也向洋行放款。上海福隆洋行的买办程庆山就经常向钱庄借贷资金,代他的老板清偿债务。先后担任上海天裕、复升和泰隆三家洋行买办的何天松(译音),为他的每一个老板都向钱庄押借过款项。[10]到了70年代上海钱庄"经常要承兑为外商所持有的,以及在中国商人之间流通的期票。这种期票的数目,不论是哪一年,都是极大的"。[11]外国银行与钱庄的关系日益密切起来。票号一般说来不与外国洋行或银行发生直接联系,它是作为钱庄的金融后盾来为商业服务的,这里不再赘述。

　　洋行与钱庄的业务往来大都是由买办来完成的。由于买办的参与,金融业务往来的规则仍以传统的银钱业习惯为主,但增添了一些新开业务中形成的惯例。外国商业习惯的渗入是缓慢,却不断深入的,它在不知不觉中为中国的商业交易方式增加了一些新的内容。

　　买办与钱业发生联系的第二条途径是他们亲自创办钱庄或帮助洋行创办金融机构。由于买办在洋行业务中的重要职能以及他们本身进行商业经营都需要调动数目很大的款项,建立自己的钱庄既能为融通资金提供便利,也可以获得钱庄的经营利润,而且投资钱庄也是中国传统投资的一个自然流向。[12]买办创办钱庄和在钱庄里附股进一步推动了他们所服务的洋行在中国商务的拓展,中西方的相互影响更加深入。

　　买办在金融业上的拓展归根到底还是为洋行在内地推销商品和收购土货服务的。经由买办向内地推销洋货使洋行免去了繁多的商业习惯上的麻烦,而洋货在1858年获得的在中国内地运销只交子口半税的特权则给买办在内地推销洋货提供了便利。这一特权在1875年的《烟台条约》中被扩大到适用于所有的洋货,进一步为买办的推销拓宽了道路。买办为洋行推销货物是不遗余力的,他们并不仅仅是为洋行谋取更大的利益,更主要的是买办的收入也会随着货物推销量的增大在明处和暗处都有增加。为了更大量的推销,买办在推销洋货的时候需要和内地的中国商人打交道,遵从中国的商业习惯。

洋行使用买办的另一项重要职能是收购土货出口。50年代洋行采取的是内地采购制度,洋行"将很大一笔款子委托中国人(买办)到内地采购茶叶和生丝,这在最近的上海和福州已成为一种习惯,广州在一定程度上也是如此。这笔钱在外国人不能同去的内地,几个月不知下落,不过中国人真是诚实,受托人卷款潜逃的事例是罕见的"。[13]尽管中国买办的诚实并没有使洋行蒙受什么损失,但在买办携款外出购货时,外商仍表现出十分的焦急。因此为了稳妥起见洋行越来越倾向于采用直接向开设于通商口岸的经营土产的行号垫款收购土货的方式。70年代以后,随着贸易量的扩大。与洋行有关系的华商和买办已经在通商口岸建立了一批贸易行号,以满足洋行收购土产的需要。

买办的存在无论是对洋商还是对华商,在贸易往来中都已成为必不可少的中介人物。作为中国人,买办因熟悉中国的商业习惯而在几乎所有的交易中,无论是采购土产还是推销洋货都会遵循中国的经营方式。但是,他们毕竟是在为外人服务,在帮助洋行经营的同时也把外国的商业习惯带到了华商中间。例如在向外国银行融通资金时的抵押、担保品的使用,到内地联系业务时订立条文严密的书面合同等等。这些东西对中国人来说都是新鲜的。中国商人从钱庄融通资金,从不提供抵押品,那被认为是极丢面子的事。尽管如此,抵押放款毕竟可以保证把损失减少到最小限度,因此这种制度还是被引进而且逐渐流行起来了。书面合同亦是如此。中国商人相互之间的合约大都是口头协定,尤其是在业务往来密切的行号之间更是如此。中国的口头契约具有极强的约束力,"大商店都是非常方公正直的,恪守契约,足以使外国人感到惭愧",[14]虽然是口头约定,就是在利益受到了损害的情况下,毁约的事也是很少发生的。但是为了避免损失,外国人依然采用了他们已经习惯的书面合同方式。而且这种方式也随着外国人的势力的扩大而推广开来。其实,即使外国商人订立了合同也很难找到地方打官司,在中国官员负责的土地上,并没有足够详细的法律来判定不履行合同的罪行。外国商人与其说是依靠法律作为保护自己的工具,不如说是更多地依靠外交方面对中国的压力。当然,在拥有治外法权的租界里则又当别论,这在下节将详细讨论。

由于买办在中外商业往来中的特殊作用,使中外交易方式有了融合的可能并得到了逐步实现。两种不同文化背景的经营方式在通商过程中产生相互影响是必然的,资本追求利润的本性要求双方为了利益最大化都需要尽可能地满足对方的需求,以求能够达成交易。从社会进步的进程来看,当时的西方国家已经步入了资本主义时期,西方企业由于经济活动的规模大、频率高,已经形成了比较完善的,能够保证企业之间公平交易的规则、习惯,具有了比较可靠的制度环境。这些产生于西方世界习惯和规则在当时来说,符合资本主义的发展要求,符合西方企业的经营理念,具有当时的世界先进水平。如果仅仅从经济行为方式上来看,西方企业的到来确实带来了先进的商业规则、经营理念、管理方式等一系列更适合于近现代企业的制度安排,这些制度对中国企业的产生和发展具有正面引导的作用。但是中国也是具有长期商业经营传统的国家,植根于中国传统文化和思想理念上的商业习惯和规则具有根深蒂固的影响。中国商家的经营方式在本土范围内是广泛接受，行之有效的。相对于西方经营方式来说，有相当一部分商业经营管理方式是落后的，不适宜于近现代企业的发展要求。但是还有相当大的一部分是由中国传统文化形成的商业习惯，在商业经营中一样具有高效、互信、便捷等符合商业发展要求的特性，很难说就不如西方的商业规则和习惯，只不过是文化传统、思想观念不同形成的差异。所以在西方企业逐渐扩大在中国的影响时，有些商业规则和习惯由于显而易见的便利和有效被很快接受，融入到中国的商业习惯中，成为中国商规的一部分。不适合于中国观念的部分要么被改造成适合中国的方式，要么在中国的影响逐步减小、销声匿迹。因此洋行的进入，买办的中介作用尽管对中国商家产生了很大影响，但从区域上看是十分有限的，从时间上看，开始的进程是缓慢的。所以直到西方列强的政治影响最重要的标志——租界，在中国出现以前，中国商业行为的基本规则并没有根本性的改变。

在中外贸易交往中还有另外一种重要形式——华洋庄的开设。由于它只是一种商业形式，对以后的近代工业产生和发展的影响不是太大，这里舍而不论了。

3、中外金融业对进出口贸易渗透

钱庄是中国的传统金融机构，在外国资本主义侵入中国之前，钱庄的服务对象主要是商业流通部门，有时也为一些非生产性支出融资：如支持新任官僚捐纳、赴任、参加会考，贷给地主购买田产等。与自给自足的以农业为基础的经济结构相适应，钱庄的资金规模和经营范围都不是很大。而且由于传统文化和行业习惯的影响，钱庄在经营时除考虑经济因素外，更加注重服务对象的人品、信誉、情面等非经济因素。因此从经营形式来看，中国的钱庄与近代在西方观念基础上形成的进出口贸易业是格格不入的。然而,钱庄却成了支持中外商人进行进出口贸易的重要金融力量,甚至可以说,没有钱庄的支持,进出口贸易是难以为继的。

钱庄是中国商人习惯的融资机构,贸易商和钱庄之间早已形成了鱼水相依的关系。外商与华商打交道,与钱庄发生联系是不可避免的。然而外商对钱庄并不信任,在他们看来"大多数钱庄的资本,特别是与鸦片贸易有关的钱庄的资本,和它们承担的责任比较起来,是微不足道的"。[15]持有这样见解的外国商人并非全无道理,但也只能认为他们对中国的钱庄的了解是极其肤浅的。从表面上看,钱庄的资本一般不过三、四万两,远不及一家洋行的资本雄厚,但是这些钱庄负有无限责任而能量极大。外国人并不了解,决定钱庄实力的并不只是资本的多少,更重要的是它的股东的资金状况。一个资本不多的钱庄可能是由几家巨富所开,他们的资本都与这家钱庄具有连带关系。不仅如此,钱庄之间的相互拆款也极为平常,同气连枝的行业习惯也使钱庄能够在极短的时间内筹集巨额资金。因此,钱庄能够出具的庄票往往比它自身资本多出数倍、数十倍。但是这在不了解实际情况的外商看来则是非常危险的。因此,既使洋行在必须和钱庄打交道时,他们也采取了极其谨慎的态度。洋行收受庄票首先要经过买办认可,对他们认为不可靠的庄票需要买办出具担保,有时甚至在庄票未兑现之前,货物就不出手。

迫使洋行与钱庄打交道的根本原因是贸易量的扩大,使用现银已经无法满足贸易的需要,而外国银行在中国开设的网点不可能辐射到贸易所及的所有地方。钱庄的参与是华洋贸易需求的必然结果。庄票被洋行接受的另一个原因是市场上白银的匮乏。长期鸦片输入引起的白银外流使白银价格上升很快,银钱比价逐渐拉大,商人和市民都开始窖藏白银。市面上通货不足已经直接影响了进口贸易的扩大,钱庄庄票进入中外贸易不仅为交易提供了方便,也是由需求引起的必然结果。

尽管洋行在使用庄票时表现出异常的谨慎,庄票在中外贸易中的使用范围却日益宽泛,中国的传统金融机构也由此开始与外国经营方式对接。作为融资机构,钱庄在华洋贸易中作用的增强,显示出在中西方贸易交往中双方的交易方式正在接轨,或者说中国的金融机构正被纳入到外国商人的利用范围之内。

(三)租界对中国商业制度的影响

这里并不着重说明租界在中国经济结构变迁中起了多大的作用,而是把侧重点放在租界的设立对租界内、外的交易方式变化的影响上。

就清政府开辟租界的初衷来说,是满足为在五口通商的外国商人提供一块贸易居留地的要求。清政府援广州通商的成例,希图照样把英国商人的活动范围限制在一个固定的区域之内,因此在同意外人在五口上岸居住的同时,清政府在《五口通商附粘善后条款》中同英人商定“广州等五港口,英商或常川居住,或不时往来,均不可妄到乡间任意旅行,更不可远入内地贸易”。然而这毕竟只是清政府的一厢情愿。且不说英国人以及其他列强此后不断地就土地问题与清政府一再纠缠,就是在租界内,外人也逐步从清政府那里要挟到越来越多的权力,以至于最后成为国中之国。上海租界是外人在华取得的最大的一块租界地,其他租界的模式大都以此为蓝本,因此在这里只对上海租界作重点分析,其他租界仅作顺带描述。

外人在上海租界中的权力是通过一系列的土地章程获得的。

自 1845 年上海道宫慕久与英国驻上海领事巴富尔订立了《上海租地章程》之后,随着租界面积的扩大,外人在租界中的权力也不断增加。经过 1854 年和 1869 年的两次重订土地章程以及一些不平等条约的有关规定,尤其是太平天国运动波及上海和小刀会的起义,使清政府在上海的地方机构完全瘫痪,外人借机攫取了更多的权力,终于使租界成为拥有治外法权的国中之国。

外人利用获得的权力,秉承西方的政治体制在租界中建立了三权分立的统治体系,外人在租界中拥有立法和司法权。立法是由外人纳税人会议来行使的。司法就其管辖范围来说可分三类:属于领事裁判权案件的"领事法庭"及英美两国设立的法院;受理工部局为被告案件的领事公堂;受理其他一切案件的会审公堂,后又成为会审公廨。

外人在租界内获得的立法和司法权,不仅足以保证在租界内的外国人只受外国法律的管辖,而且对租界内的中国人也强加了一些司法权力。这对一个主权国家来说,毫无疑问地是侵略行为。但是也应该看到,在以西方法律为基础建立起来的租界司法体系具有着比清政府地方司法体制先进的因素。由于清政府法律体系的陈旧和地方官吏的昏庸以至于给普通人民造成了租界内更有法律保障的印象,战争期间更是如此。这就使得一部分人,特别是认为自己的财产在清朝法律制度下难以受到保护的富人,他们宁可到租界中寻求财产乃致于政治的保护。

外人在租界中同样拥有对界内居民的行政管理权。各国驻上海领事时刻也没忘记向清政府索取在租界里的更大权力。1865年原上海领事阿礼国接任驻华公使,上海领事们的意见立即获得了以他为首的公使团的支持。外人在夺取租界行政管理权方面取得了很大进展,"此时已经开辟的以及以后陆续开辟的所有租界中,外人都对入界的华人实行属地的行政管理,并否认中国官员对他们有行政管理权"。[16]于是凡划入租界的地区,原来的乡、保、区、里等基层行政区划及户籍制度都被废除,一些较大的租界行政当局则在当地重新作了行政区划,如上海公共租界就被划分为东、北、中、西四区;天津日租界及其界外侵占区被划分为十来个街区,街区中还设有区事务所。[17]

外人对租界的管理是通过工部局或其类似机构进行的。如上海公共租界,经过 1869 年对土地章程的修订,工部局被赋予了更多的权力,如:兴造租界内各项工程及修理事宜;抽收马路、码头、房地以及各项捐费,设立巡捕,雇佣办事人员,制定行政管理条例等。[18]工部局下设一系列的职能机构,有万国商团、警务处、火政处、卫生处、教育处、工务处、财务处、公共图书馆、音乐处、华文处等,其职能之完备,已俨然一政府机关,其中商团、警务处、火政处已属国家统治机器,可见租界已具有主权国家的基本权力。

外国人在租界中取得的权力已经把租界置于各国政府的庇护之下,租界成为中国政府管辖不到的地方。然而这在一定条件下却成为租界经济繁荣的原因。50 年代的太平天国运动和小刀会起义为标榜自己严守中立的上海租界提供了繁荣的契机。为了躲避战争,江浙一带的地主豪绅大批逃往上海,躲进租界。人口大量涌入和财富的骤然集中造成了租界的突然繁荣。

为了使租界的繁荣状态长久保持下去,工部局采取了一系列的措施。它在租界里制定了详细繁多的法规、制度,改善了租界内的市政、人文环境。外人在租界内整修了道路,改建了房屋,到 1865 年,租界内已有通途大街十三条,南北和东西间纵横,"取中华省会大镇之名,分识道里,街路甚宽广,可容三、四马车并驰。地上用碎石铺平,虽久雨无泥淖之患"。[19]各种公用事业也在租界里建立起来，1865 年煤气公司开业；1882 年上海电光公司向街道供电；1883 年自来水厂开始供水；1892 年工部局又建立了发电厂。基础设施的建立为工业的创办和发展创造了条件。

不仅如此，租界内的土地制度和税收制度也为中外工商业投资提供了方便条件。

土地制度。外人在租界内的租地方式有多种，如永租、购买及有偿占有等，以永租最为普遍。在租界开辟时，中国官府为了防止界内土地转卖，曾对外人在界内租地数目进行了限制，如上海公共租界是 10 亩，天津租界是 25 亩，苏州租界是 6 亩。但是外人在租界内的永租权势同绝卖。随着经济的发展，土地地价不断上涨，使限地条款成为一纸空文。外人在租界内还取得了土地转卖、收税的权力。土地自由转卖为华人在租界内开设企业提供了可能，只要能够在租界内买到土地，即可以免受中国政府的管辖。虽然在很多方面不得不受外人的许多具有歧视性规定的限制，但毕竟可以摆脱中国政府的那种任意苛求和压榨，获得一定的产权保护。因此从一定意义上来说，华商宁愿在租界内设厂办店。

税收制度。租界内的税收由工部局负责，主要的税种有：土地税、房捐、执照捐等。对工商业的管理是采用征收执照捐的方式，据 1898 年《增订上海洋泾浜北首租界附例》第三十四条规定："租界内，凡开设公众游玩处所及出卖各酒令人沉醉之药铺、各种彩票、肉食各物、出租船、车、马各具，均须捐取公局所给执照，放准开设。"[20]在租界内开设企业所要交纳的税项就是依据工部局规定的几项固定捐税，减少了乱摊派的可能性。

租界内的这些制度确实促进和保持了租界的繁荣。租界能够获得比其他地区繁荣的经济状况，除了它们是中外贸易的交汇点，处在交通要道的客观条件外，我们不能否认由外人根据其本国的资本主义体制为蓝本创立的一整套法律制度起了很大作用。尽管这种制度是对一个主权国家的侵犯,有着对我国,特别是对租界内华人的歧视,并在所有事件中对外人进行偏袒,但它毕竟提供了一套可以作为依据的、行之有效的制度。只要它对统治对象的权利、义务的界定具有权威性和延续性,那么从纯经济学的意义上说,制度有效地区的经济由于降低了企业、政府间的交易费用,其发展程度高于其周围地区应是必然的现象。可见,制度在经济发展的作用在一定程度上是具有决定性的。

二、中国近代工业企业的起点

(一)外国资本工业企业在中国的设立

外资企业在华设立发展的状况前人已经有了比较详细的研究,虽然对设厂的时间、数目、资本规模等问题有些细节上的不同意见,但其大致脉络是非常清晰的。这里对外厂的设立过程不再重述,只引述汪敬虞先生对 1894 年前外资工业企业的统计数字,以期对外资企业有一个基本的背景材料。

"从 1843 年香港出现第一个外国船坞起到甲午战争的前夕止,西方各资本主义国家先后在中国设立了一百九十一个工业企业,其中船舶修造业和出口加工业两项就有一百一十六个,占总数的百分之六十。下余的七十五个企业中,有十三个印刷厂,二十三个食品加工厂,八个水、电、煤气厂,另外有火柴、肥皂、制药、造纸等化学工业十一家,木材、玻璃、水泥等建筑工业十家。这些工厂,大部分规模都比较小,有的著作中估计,到 1894 年为止,外国在中国的工业投资,将近 2000 万元,而船舶修造和出口加工两项工业中的投资额达到 1500 万元,占总投资额的百分之七十五。"[21]但是令人非常遗憾的是,对于当时外资企业的组织管理状况介绍并不多见,只有通过一些散见于各处的零星材料加以归纳整理,找出一些当时外资企业的管理特点。

一是较大的外资企业采用的大都是股份有限公司形式。股份有限公司是企业发展成熟阶段的标志。19世纪下半叶,西方的企业大都采用了这一组织形式,外国资本家到中国设厂很自然地将其移植过来。而且最初来华创办企业的外国人,按照有些著作的说法,"十之八九是一文不名的浪人和流氓",这些"穷恶人"在中国发财致富的最好方式也就是通过创办企业,用股份公司的形式把外国人的钱和中国人的钱都搜刮进来,达到为自己积聚财富的目的。

二是企业内部管理松散,没有正规统一的管理组织。从管理史的角度看,20世纪之前的工业企业管理仍然处在简单的人身监督阶段。虽然工厂制度早在18世纪已在英国确立,但并没有得到完善和发展,工头制仍然是企业中的主要管理形式。外资在华企业基本沿袭了这一体制,所不同的是,工厂的绝大数工人是中国人,而外国人则担任技师和监督,如"汉口(阜昌砖茶)厂是英租界内一座宏大而装备优良的工厂,雇佣中国工人约二千人,由外人监制"。[22]"汕头,记汕头怡和糖厂:工人是中国人,大半是本地人,在外国监工下工作";"大英自来火房,现公司有外籍职员十五人,经常雇佣的中国工人约二百至三百人"。[23]外资工业的管理方式其实是直接师法于洋行的,工头制是当时企业管理中最为普遍的形式。这里值得一提的是外资企业的财务管理。我并未看到早期外资企业的原始财册,但从已发表的研究资料来看,外资企业每年都必须向企业股东汇报经营情况,向股东派发股息。这对中国传统企业来说简直是不可能的,在以后的分析中我还会提及这种管理方式对中国工业企业发展的意义。

三是绝大部分的外资企业设立在租界内,企业的经营管理权操诸外人。租界是外国侵略中国的桥头堡。在租界中,外资企业处在政治特权的庇护之下,能够按照本身的意愿自由发展。在侵害到中国人利益的时候他们也照样会得到租界当局的偏袒。有的外资企业只是挂的外国招牌,其资金大多是由华商附股。尤其是在战争时期,租界里挤满了有钱的中国人,这部分财富有的也流向外资企业,增强了外资企业的实力。而且,这种趋向在19世纪末表现的越来越明显。中国人虽在外资企业中附有较多的股本,但企业的管理权却操纵在外人手中。

1894年前,外国资本来华设立的工业企业都属非法经营。尽管清政府的一些官员也对涉及到本国或地方利益的外商设厂计划进行了有力抵制,但从总体上看,外资在华设立企业受到中国方面的限制是极其有限的。洋务派的重要领导人物李鸿章虽然对外资在华设厂提出过强烈抗议,却又被邀请去参加租界自来水厂的开水仪式。这足以表明清政府在对外资来华设厂的问题上根本就没有一个贯彻始终的强硬态度,往往是睁一只眼闭一只眼,糊涂了事。在如此宽松的环境下,外资工业企业获得了较快的发展,到1894年前夕,外资在华工业资本已近二千万元。

在评价外资在华企业的作用时,有很多文章已经对其在中国的侵略作用进行了详尽的剖析,这里不再赘述。除此而外,还应该看到外资企业毕竟对我国工业的产生具有一定的推动作用,虽然这并非外国资本家的本意。

首先外资企业引进了先进的技术设备。外资企业的生产设备绝大多数是从国外直接运来的,很多设备对中国人来说是闻所未闻的。机器的输入使中国工业的兴办有了模仿的成例,机器的高效率、高质量使手工生产黯然失色。上海的几个机制丝厂的质量明显高于手工生产的最好的生丝。"一般用中国土法缫成的丝比起用机器缫成的丝条份不匀","本地(烟台)织的茧绸品质很差,常有疙瘩,没有花纹,染后呈黯淡的蓝颜色"。[24]机器生产的高效率更是手工生产难以比拟的,旧式"手工压机日产六十筐(茶叶),百分之二十五是废品,蒸汽压机日产八十筐,废品只占百分之五;使用机器使每筐产品节省银一两,每日可节省银八十两"。[25]

其次,外资企业的优厚利润也对中国人向近代工业投资产生了巨大的吸引力(外资在华企业利润可参见孙毓棠编《中国近代工业史资料》(上)66页表)。洋务派官僚希望开办民用企业获取利润抵补军事工业的消耗;民间资本也希望由此途径转换投资方向,积累更多的财富。因此,应该说外资在华企业从某种意义上来说对中国的近代工业的产生起到了一定的推动作用。

(二)官办企业

官办企业从其最直接的原因上来看是战争的需要。清政府的有些官员在对付横扫大半个中国的太平天国运动的过程中,亲眼目睹了外国的船坚炮利,在与外国人的交火过程中就更加深刻地认识了西方武器的威力。为了应付内忧外患,以奕䜣、文祥、曾、左、李为首的洋务派纷纷发表意见,陈说制炮造船为"救时之第一要务"。在中央政府的支持下,手握重兵的曾、左、李在各自的统辖区都建立了规模颇大的兵工厂,再加上其他官僚在各地兴办的军工企业,"从1864年以后的三十年中,由清政府中枢拨款到各省督府自筹经费,统共建立了规模不同的近代军用企业达二十一个之多"。[26]

军工企业的巨大开支以及对原材料、燃料的需求促使洋务派又开办了民用工业以辅助军工企业的发展。民用企业包括了较为广泛的生产领域,大致有航运、矿产、电讯、纺织几个门类。洋务派创办的企业有以下特点:

一是投资规模大。洋务派兴办的企业创业资本都很大,十万两以下者非常少见。巨大的资本虽然使企业气势恢弘,满足了官僚们好大喜功的癖好,但也造成了资本筹集困难,建厂速度缓慢,资金滥用等问题。有人甚至把上海织布局因规模过大以至于设厂缓慢归结为导致中国资本主义发展落后于日本的重要原因。[27]

二是官府衙门式的企业管理。清政府创办的军工企业最初是军队的产物,从管理人员到工人都是从军队中挑选的军人;其管理形式也是从封建衙门的一套体系中直接移植过来的。一些官场积习和陋规也被引进企业,因此产生了企业管理中的诸多弊端。民用企业的管理比军工企业已有了很大进步,从组织形式上来看,已由官办这一种形式演变为官督商办、官商合办诸形式。但只要在官僚体制的干预下,与之俱来的陋习、腐败现象就很难清除。

有关洋务企业中的管理弊端许多著述都有详细的指陈,但是洋务企业毕竟是中国大地上最早出现的中国人自办的大机器生产形式,与封建时代传统手工业生产相比较,有着不容否定的先进意义。就是其管理形式来说,也应该看到它由手工业向机器工业转化的进步性。我们不能用一百年以后的眼光来挑剔历史变革中的不成熟。洋务企业的创立对中国工业企业的管理在以下几个方面具有促进意义:

1、洋务企业内聚敛了不少熟悉洋务的人才,他们在一定程度上促进了中国近代企业管理的水平。

洋务派的高级官僚在举办洋务企业时对以"善理洋务"而被推荐来的人才大都能够以礼相待并委以重任。如李鸿章在轮船招商局重用的唐廷枢、徐润；上海机器织布局的郑观应、经元善等。这些人都是对外人在华企业经营方式非常熟悉的外商买办或与外商有密切交往的商人。他们进入洋务企业后，很自然地把外资企业的经营管理方式引入洋务企业，促进企业管理的近代化；在军工企业中聘用的外国人虽然主要是让他们主管技术，但是对他们在企业管理方面的意见也是言听计从，马格里、日意格就成为李、左创办企业的重要谋士。应该说这些人对中国企业管理的组织改造在一定意义上也起到了促进作用。

2、采用了新的集资方式，民间资本开始进入官办企业。

军工企业的资本来源多种多样，但基本上还是由中央或地方拨款；待民用企业创办时，洋务派已企图借用商人的力量发展官办企业，而且集资方式也采用了西方企业常用的发行股票的方式。尽管清政府为了保证某些企业的专营性质而规定了若干年的专利权，但商人毕竟已经通过洋务企业对近代机器生产及组织形式有所了解。事实上，他们中的很多人成为以后民营企业的创办者。

3、企业的产权形式从官办到官督商办、官商合办，企业管理形式逐步商业化。

在这种演变中，商人的权力有不断上升的趋势。在大型企业的高层管理者中，一部分商人在向官僚转化，而更多的官僚在经营中表现出越来越多的商人性质，亦官亦商在一个人身上的结合愈益显著。洋务企业中的权力并非如一般论者所言，完全掌握在官僚手中。如果认为洋务派领袖及其在企业的代理人应是国家资本产权的代表，实际上也确是如此，但是就是这些人中间的相当一部分，经过一段时间后，不断把国有资产转移到私人名下。随着产权的转移，洋务企业便不是被官僚所控制，就是成为名为官办，实为私产的企业。

洋务企业经营失败在很大程度上应该归结为企业的产权界定不明晰,特别是官商合办、官督商办企业中问题尤为严重。就官办企业来说,它们都是由国家出资兴办,其产权归属国家应是毫无问题的。但是国家的利益在企业中不仅没有得到体现,反而被管理者一再削弱。作为国家权益在企业中的代理人,洋务派大官僚把企业抓在手上将其变成培植私人势力的温床。在对企业管理人员的任用上,他们考虑的只是如何通过亲信继续控制这些企业,至于企业经营如何则是次要问题。企业的具体管理者上行下效,他们作为国家产权的代表本应对企业负有监护的义务,但也正是他们利用手中职权大肆侵吞国家财产。江南制造局总办刘麒祥公然牟利,"局中需用最多之物料,率由总办先以廉价购入。而别令他人出面,以重价售与局中"。[28]这样一转手间,大笔的国家财富就被装入了个人的腰包。又如黎兆棠在江南制造局仅干3年,已经积攒私蓄60万两之多。

洋务派的主政者不仅自己贪墨,其主管企业也成了安置闲员的渊薮。沈葆桢在主持福州政局时,"凡湘人失职者,一概入局",且"干修极多极厚,或每年数千金,少亦数百金"。[29]

企业管理者既然敢将国家资财大肆侵吞,对官督商办和官商合办中的商人资本更是肆无忌惮地挥霍中饱。普通商人因手中无权竟毫无举措。一时间官督商办、官商合办臭名昭著,商民中但闻官商者无不掩耳疾走,以为瘟神。

洋务运动所创办的企业尽管以失败者居多,但毕竟是在探寻一种使大机器生产如何适应我国国情的道路。它所提供的经验教训,对民营企业来说有相当一部分是极其宝贵的。

（三）民营工业企业的产生

投资于近代民营企业的生产者有两种类型：一种是积累有较大资本的商人、买办、官僚、地主等，他们受到近代企业利润的吸引，改变其原来的资金投向，寻求一种使资本积累更快的途径；另一种是小资本所有者，他们将创办小型企业作为一种谋生的方式。他们的投资具有很大的随机性，或是考虑其自身技术特长开办相关企业；或是投身于社会中新产生的某些行业，由小到大，逐步发展。从 19 世纪 70 年代初，第一家民营工业企业设立到 1894 年，全国共创办了民营企业一百多个，其中情况比较清楚的有 74 家。从总体上看，这些企业有以下特点：

1、民营资本工业企业一般说来大都资本少、规模小、设备相对落后。

在孙毓棠先生所编《中国近代工业史资料》中所列民营工业企业中，编者没有说明是以何指标作为最低统计标准，大约是凡使用机器生产者全作为近代工业。由此看来近代工业在初创时规摸特别小，有的起动资本只有数百元、几千元，其规模甚至远小于较大的手工工场。资本少、规模小决定了民营企业在初办时设备落后，技术力量不足。这种情况在机器制造业中尤为明显。机器业在初发展时大多是购买旧机床等设备，用手工操作，逐渐扩大而成工厂。如建昌铜铁机器厂，1880 年有 5 英尺老式旧车床一部，1895 年时已有翻砂炉 5 座，打铁炉 5 座，10 英尺龙门刨车一台，牛头刨车一台，大小车床十余台，16 匹马力引擎一座，厂房二十余间。1895 年的建昌已是颇具规模的机器厂了。[30]

与机器业不同，在轻工企业中，机器设备则以新购为主，技术也具有当时的先进水平。如陈启源在广东设立的缫丝厂，缫丝机是仿法国式制造的;上海的公和永丝厂与怡和丝厂同时建立,各项机械设备均购自法、意等国。另外如通久源轧花厂,40台轧花机是从日本引进的。[31]较大的民营企业中大都聘请了外国工程师来指导技术。既使如此,与外国同行业企业相比。民营企业的技术设备仍然远为落后。就是同国内外资企业相比,它们也难以同日而语。由此可见,民营工业自其产生之日起就具有先天不足的特征。

2、民营企业初创时采用的组织形式大多是独资与合伙方式。

从民营企业的创办地域来看,大部分企业设立在沿海、沿江的通商口岸,而且很多是设在租界之内。因此,民营企业在很多方面都受外资企业的影响。然而在公司组织形式上,民营企业却没有采用外资企业流行的股份有限公司形式,究其原因大致有如下两条:一是在早期民营企业产生时并不需要很大的起动资本,用合伙或独资的方式所筹集的资本已经足够在大多数行业中开创企业;其二是早期新式企业创办时并没有一定的政策法规加以约束,创办企业只是依照原来的习惯方式由个人或几位熟悉的同行或朋友集资即可。所以在初创的民营企业中,生产资料是近代的,生产的组织形式仍然是传统的。

企业的组织形式决定了企业经营管理的一些特点。很多民营企业的管理者就是所有者,或者是所有者的亲戚。独资或合伙企业的规模不大,出资人对其所经营的行业大都有深入的了解,他们具有经营企业的能力。而且,为了维护自己的利益,只有在自己的监督下企业主才觉放心。在一些民营企业中,管理者与生产者没有产生明显的对立。民营企业中的管理者大都由与出资人关系密切者担任,工人多是从与厂主具有乡土地缘关系的地区中招收。因此在规模小、雇佣工人不多的民营企业中,管理者尽量从地缘关系和其他非经济关系中模糊劳资界限,并且取得了一定成效。如广州的陈联泰机器厂,厂主是陈联泰,工人就是他的两个儿子。以后随着企业扩大,其子孙才逐渐脱离了生产劳动,成为企业的管理者。

在民营企业中,企业管理者不仅通过雇佣关系进行管理,而且还利用传统的伦理思想对工人加以约束。在小企业中,管理者和工人大都有师徒名分,要求工人从多方面服从管理。只有在使用劳动力较多、规模较大的企业中管理者与工人之间的对立才较为明显,经济关系的约束占据着主导地位,如缫丝业和棉纺织业中即是如此。管理者对工人的生产管理仍是沿袭了传统手工业的方式,只是对生产过程中的工人进行监督。与外资企业不同的是,民营企业的管理者不仅在企业内部对工人有管理权,就是对工人的业余生活,由于地缘和血缘的关系,也有约束力,企业管理已经渗透的工人生活和工作的各个层面。需要指出的是,这种管理者对工人的全面约束和影响并不仅仅是为企业提高产量、增加效益为主要目的,在很多情况下表现为对工人家庭、生活、情绪、行为的关心,实际上是中国传统伦理观念在企业管理中的体现。我们不得不承认,这种对工人企业外生活表示关心的做法确实起到了消除对立情绪,增加工人职业安全感的作用。这与西方资本主义企业在本世纪二三十年代产生的行为学派的一些理论确乎有某种相似性。

总之,直到19世纪末,中国的近代工业还处在初始阶段,企业管理水平也比较落后,西方的一些先进管理制度尚待引进和推广。但是,外资、官办、民营企业的创立毕竟在中国这块古老的土地上开辟了一片崭新的事业,它对中国的意义并不仅仅在于为数不多的工厂企业的设立,更重要的是,这是中国迈向近代化的开端。由于近代工业的产生,中国开始拥有了利用当时先进的科学技术进行生产的企业组织,经济结构由农业、手工业两大部门向工业、农业、手工业三足鼎立之势转变。有些先进的中国人已经看到了西方工业的优势,喊出了实业救国的口号,由此而促动了整个中国政局的演变。尽管还有很多地方由于封建愚昧思想的影响仍然在对近代机器生产发出各种诅咒的妄语,但近代工业的发展犹如一条冲力越来越大的巨流,澎湃向前。从历史的发展趋势来看,机器大工业必将战胜封建的小生产方式。然而在中国这块浸透了传统文化思想的大地上,战胜传统习惯的东西必将付出巨大的努力。无论如何中国的近代工业已经产生,它必将沿着历史决定的轨迹滚滚向前。

三、民营工业企业集团产生的外部条件

20 世纪初是中国民营工业企业集团开始产生并初步发展的时期。为了更为直观地观察企业集团产生的历史条件,我们把 20 世纪初的国内外经济环境作一横剖面式的描述,对民营企业集团产生的社会物质条件、生产技术条件,特别是在社会经济制度、企业组织制度等方面的变化进行较为详细的考察,着重研究促使民营企业集团产生的制度因素。

(一)近代铁路、航运、通讯等基础设施的发展为企业集团的产生准备了一定的物质条件。

1、交通状况的改善。

铁路运输的发展是经济近代化的最重要条件之一。铁路的延伸意味着经济活动能力的增强,它是改善陆地交通环境的最有效方式。从 1876 年中国第一条铁路铺设起,近代铁路经历了许许多

多的艰难坎坷，丧失了众多的修筑权和管理权，这对一个主权国家来说可谓损失重大。但从铁路里程来看，毕竟还是在一步步地伸延开来，并连接着越来越多的乡村和城市，在客观上对经济繁荣起到了促进作用。到1911年全国已经修筑铁路9292公里，重要的通商都市如上海、北京、武汉、广州、济南等，都已有铁路贯通。沿途经过的城市、乡村为设立在大城市的工业提供了获取原料和推销产品的便利。铁路的运量之大、速度之快是在自然经济条件下的运输设备远远不能比拟的。

　　如果说铁路对陆地贸易起着日益重要作用的话，那么，航运则同时在内河、沿海和外洋三个层次上影响着中国经济的发展。在远洋国际航线上，外国轮船占据着绝对优势，中国轮船公司很少能将业务拓展到亚洲以外的航线。1911年，外国在华航运中使用的轮船有828艘，其中国际航线有425艘，国内航线403艘。内河航运中，到1911年中国内港轮船仅有28000吨的航运能力，远不敌外国运力。"即使连同中型轮船企业、官僚资本的轮船事业，以及在十九世纪设立的各种轮船航运企业一并计算，到1911年，全国也不过仅有近六百个大小轮船企业，共有资本或船本约二千一、二百万元，各种轮船一千一百只，合约总吨位十四万七千吨"。[32]到1911年中外航运能力相加共有268万2千吨。[33]尽管民族与外资航运业难以抗衡，但是，作为中国经济结构中一个整体，在为工业企业运送原料和产品的作用上是一样的。与铁路相比，水运有价格低廉的特点，而且购自外洋的机器设备必须依靠轮船运输，因此航运业的发展也为工业企业的扩大，提供了重要条件。而且，无论是沿海还是内港航运，所连接的都是经济较为发达的大中城市并主要是为各地的工商业服务。

2、近代通讯设施的创建。

电讯业的发展不仅降低了企业的交易成本,而且为企业集团在异地设立分支机构提供了直接指挥的便利。外国侵略者把电报引入我国始于19世纪70年代初,"在1871年4月的一个朦胧的夜色里,丹麦大北公司在汽艇的协助下,秘密将电报线路从海内起出,溯扬子江而上至吴淞江,在旗昌洋行线路以下一哩处,将线头引至岸上"。[34]中国人自办的电报线肇始于台湾,而由天津电报局开始逐渐增设。经过与帝国主义列强的激烈斗争,电报的主权大部分掌握在了中国人的手里。"据统计,从1881年至1908年(电报)收归国有时为止,商办电报线路共建成41417华里,地方官办电报线路共计49480华里。总计80897华里。官商办电报局合394处"。[35]电报通讯机构遍及全国除西藏地区以外的所有省份,构成了大体完整的干线通讯网络。

与铁路、航运业相比,电讯在全国更大的范围内设立了分支机构。电报的普及使全国各重要经济区域的信息可以迅速传递,大大降低了企业在市场上搜寻信息的交易成本,便于企业快速、正确地进行生产经营决策。而且,电报线路与国际线路的接通,使世界各地的经济信息也能及时反馈,这虽然使帝国主义列强能更容易地控制中国市场,但民营资本家也照样能通过电报及时了解国内外市场行情,在竞争中采取积极灵活的对策。

(二)钱庄与工业关系的日益密切以及近代金融业的兴起都为企业集团的产生和发展提供了聚集资本的便利

1、钱庄与近代工业的关系。

钱庄业在外国资本主义侵略中国之后,很快就与外国洋行和银行发生了联系,其详细情况已经在本章第一部分有了叙述。钱庄与工业发生关系，则始于 19 世纪末，而且随着工业的发展与工业的关系越来越密切。张国辉先生在研究钱庄与工业的关系时指出，20 世纪初，"钱庄的活动范围也从流通领域扩展到生产领域，乐于向新式企业提供资金。这是钱庄业务中具有十分积极意义的发展"。

钱庄向近代工业的主要放款对象是民营企业。这是因为外资企业有外国银行作后盾，官办企业有政府资金为奥援，民营企业在拆借头寸时自然乐于寻找有经常业务往来的钱庄。考虑到自身利益，钱庄也愿意向民营工业放款。因为：

其一，近代工业作为经济结构中的新生事物，在经办一定时期以后，已经向社会证明了是有利可图的事业。而且在一定条件下，其利润之优厚，经营之稳定也都优于旧式产业。唯利是图的钱庄自然不会放过瓜分工业利润的大好时机；

其二，钱庄虽然在新的经济条件下已经拓展了营业范围，但是经营手法仍以传统方式为主，它们在选择服务对象时，仍喜欢比较熟悉的客户。这些客户原来的社会身份有可能是买办、地主、官僚、商人等等，不过是因为投资于近代工业而又多一重企业家的身份。钱庄熟悉这些客户，并不会因为他们经营的事业有所增加或改变而终止相互间的业务往来，相反，钱庄会对这些新式企业加以研究，考虑对其放款的可能性。

其三，钱庄对工业放款较之放款于商业或投机更有保障。一般说来，钱庄的传统经营理念很少进行抵押贷款，但随着业务量的扩大，抵押贷款有增加的趋势。工业企业拥有相当数量的固定资产和流动资产，以此为担保品向钱庄做抵押对追求稳妥保守作风的钱庄来说是极好的放款对象。因此，从谋利角度来看，钱庄同工业企业进行业务往来并没有实质性的障碍。

同样,民营工业也愿意同钱庄往来。马寅初先生一篇文章中从八个方面阐述了钱庄比银行更有吸引力,工商业宁愿与钱庄往来的原因,这对解释以后钱庄业为何能历久不衰很有帮助,故对原文照录如下:(一)、信用.银行放款全须抵押品,而钱庄则注重信用,抵押品一层可以通融。中国商人以抵押借款妨碍体面,所以均想与钱庄往来。(二)、保人.银行放款,除抵押品外,还须保人签字盖章,手续非常麻烦,钱庄则无此等手续。(三)、数量.银行放款数目较大,数目小者,不甚欢迎。钱庄放款,数目随便,数百元数千元均可。(四)、方便.银行办事时间有一定,例假不做生意。钱庄则不然,无论假期礼拜,自早到晚,并无休息。(五)、内容.银行对于商情市况,不如钱庄之明了,而钱庄为我国特有之出产,由来已久,对于商家知之甚祥,所以放款不用抵押品亦无任何危险。(六)、历史.银行成立甚晚,所发钞票、支票,均不得社会之信仰,故钞票在市面,不能与庄票一律看待。(七)、技术.分别洋钱之真假,为钱庄特具本能,银行行员难比得上。(八)、出货.钱庄所发庄票,能在洋行出货,外人极信赖之。银行钞票无此本能。[36]马寅初先生谈的是中国近代银行业已经创立数十年之后的1926年的钱庄经营状况,可以推断,钱庄在扶助近代工业发展中发挥了重要作用。

2、银行与近代工业的关系。

中国的近代银行业创始于19世纪末,其业务量在早期发展中虽难以与钱庄业抗衡,但它毕竟代表着金融业的发展方向,并不断地成长壮大,最终超过钱业规模,成为主要金融机构。银行自创办之日起也把工业企业列为服务对象,并对其发挥着越来越重要的作用。

中国第一家近代银行是1897年5月27日成立的中国通商银

行,总行设在上海,很快就在北京、天津、汉口、广州、汕头、烟台、镇江等地设立了分行。此后又有大清户部银行、交通银行创立。这三家是具有国家某些特许权的银行,其主要职能是利用金融手段贯彻政府的经济意图,它们同民营企业虽有一定关系,但业务往来只占很小比重。例如中国通商银行,从成立到辛亥革命之前,曾与14家民营轻纺企业发生信贷关系,有的银行放款还占到企业资本的30%。尽管如此,通商银行对民营企业的支持仍是十分有限的。根据该行总行的材料,"辛亥革命以前,历年对资本主义工业放款余额占整个放款的比重不足10%"。[37]而且这不足10%的放款还是贷给与银行当权者有密切关系的民营企业。不仅如此,全部官办银行与民营企业的关系都不是十分密切,"到1911年为止成立的三十家银行中,官办和官商合办占了十三家,这些银行的主要功能是效力于政府的财政,同资本主义工商业缺少联系"。[38]

　　与官办银行不同,一些商办银行与民营企业有着密切的业务往来。尽管很多银行是专为投机设立,或主要经营投机业务,但是规模稍大的商办银行还是面对工商业的,有的银行甚至在开业时就标榜自己是以扶助工商业为己任的,他们在与工商业的往来中确实也获得了满意效果。如当时颇有名气的信成、浙江兴业、四明银行等,在业务中同工商业的往来占了较大比例。当然,这些银行也做投机,但毕竟也为工商提供着资金支持。

　　近代银行对工业的资金支持本应是天经地义的资本主义发展规律,然而中国的近代银行却偏离了这一应尽的义务,而把主要精力投放在谋取暴利的金融投机上,这对中国的工商业来说无疑是巨大的损失。令人稍感欣慰的是,在这些银行中终究还有一部分服务于工商业,而且随着工商业的发展与工商业的业务往来还有增加的趋势,这不能不说是中国经济的一个进步。

从总体上来说,无论是钱庄业向近代民营工业的渗透,逐渐向资本主义经营方式转化,还是银行业对近代工业的有限支持,都为民营企业的扩大再生产起到了促进作用,尤其是在近代中国资本不足、资金市场不发达的情况下,这种支持对企业集团的产生与发展来说更显得十分重要。

(三)20世纪初清政府的政策、法规出现了有利于工商业发展的规定,封建政府对经济发展的制度约束被打破,民营工业出现了兴旺发展的势头。

鸦片战争前后,部分先进的中国人已经觉察到西方在技术上的领先,大声疾呼要师夷长技以制夷。随着外国侵略的加深,中国人对外国的了解也在增加,这一口号的内容也在不断丰富,许多仁人志士从不同的角度阐述着、实践着向西方学习的经验,促进中国近代化的进程。统治阶级中的一些明智官僚也认识到对内专制、对外封闭最终只能使大清帝国走向覆灭,于是有了自强求富的洋务运动,又有了变法改制的戊戌维新。中国人的思想随着历史的潮流不断地推陈出新。思想是制度的先导。符合社会进步潮流的思想意识不断地转化为社会先进阶层的公共意识。如果说早期先进中国人的奔走呼号如大漠中的孤寂长吼,那么20世纪初,变法的呼声已如波涛汹涌之大潮,势不可挡。社会思想的进步促动着社会的制度变迁,清政府把一些思想转化为政策、法令,形成了一些有利于民营工商发展的制度安排。

可以说,相对于旧有的制度安排,几乎所有的新政措施都具有积极意义。这里只简述与经济有紧密关系者。

一是改革行政机构,添设经济部门。1903年清政府成立商部,"它在官方地位上高于传统的六部,仅次于外务部"。[39]商部成为综理全国经济事务的大部。商部之下又设立很多机构,它的扩充需要大量人才,据报纸报道,"北京书肆内关于工业和国际商业的书一售而空;官僚把这些书买去,准备自己参加新商部录用人员的考试"。[40]与此同时,商部又在令各省设立路矿、农务、工艺各项公司,陆续设立商标局,劝工陈列所。"1908年又采取了进一步措施,使新设的农工商务局(即原商务局)的等级等同于盐政局和巡防局,并由正式的官员(劝业道)主持局务。到1908年底已经任命了九名劝业道"。[41]

二是制定政策法规鼓励工商业发展,保护工商业者利益。1904年颁布《商律》9条,《公司律》113条,不久又公布了公司登记法(1905),破产法和专利权法(1906)。除此之外,清政府还颁布实行了一系列的"奖励工商章程",其内容涉及工、农、矿、金融等各经济门类,据汪敬虞先生统计,从1898年到1910年间清政府共颁布各项奖励章程21项。[42]不仅如此,清政府还打破常规,把一向视为国家神器的政府官职也作为对一向为社会所不齿的工商业者的奖赏。

三是对创办实业者给予一些非常具体的支持。为了培养各地人民对工商业的兴趣和解决生计问题,清政府在各地倡办工艺局、劝业场,培训贫民学习技艺,宣传工商作用。在政府的支持下,全国重要商业城市的工商企业纷纷组织各式样的国货产品博览会、评赛会,扩大工商业影响,改变社会风气,促进了民营工业的发展。[43]

20世纪初的清政府至少在表面上显示出了愿意扶持工商业发展的态度。尽管由于各种原因使其措施没能有效贯彻而未能达到振兴实业的目的,但重要的是清政府已经意识到发展工商业是富国强兵的关键所在,并做出了一定的努力,这不仅有利于当时民营企业的发展,而且为民国以后制定更为进步的政策、法令提供了依据。事实上正如我们所知,清亡后某些清朝的法律制订者仍然在为民国效力,因此一些有利于工商业发展的经济制度安排保持了一定的连续性。

(四)外国帝国主义垄断生产方式的形成为中国企业集团的产生提供了组织示范

19世纪末,20世纪初,世界资本主义已经发展到帝国主义阶段。帝国主义的最根本特征就是垄断。在很短时间内垄断的各种形式已经纷纷出现并走向成熟。尽管不同的国家垄断组织有不同的特征,但从本质上说他们无非是通过联合的方式形成的大的资本集团。垄断是资本对利润产生冲动的必然结果,资本在追求自己的增殖过程中,总是选择最适宜方式。在中国,资本主义发展的条件受到了诸多的限制,但资本追求利润的本质是毫无二至的,在企业扩展的过程中,也有垄断的企图,只不过因受条件限制很难实现罢了。

垄断产生于竞争。与外国资本主义企业为了获得对市场的绝对控制权不同,中国民营工业在市场上碰到的竞争对手是外资在华企业和官办企业。与外资企业相比,民营资本资金少、规模小,技术装备落后;与官办企业相比,民营企业同样在资金、技术上处于劣势,而且受到政府对官办企业优惠政策的压力,以及来自官方的直接限制。民营企业的竞争条件远不如外资、官办企业。但是,民营企业在与外资企业的竞争中,具有爱国运动的支持和熟悉本国国情的优势;在与官办企业的竞争中,民营企业又具有经营灵活,勤俭创业的优势。这些都为民营企业的生存、发展提供了依据。但是在激烈的竞争中,起决定作用的是经济实力,民营企业只有通过各种方式扩大自己的生产经营规模才能在激烈的竞争中站稳脚跟。由单个企业向企业集团发展就是一条增强经济实力的极好途径。民营企业虽然在企业联合方式上对外国资本集团的组织方式有所借鉴，但目的并不是企图对某一个行业进行垄断（事实上，民营企业集团的实力从来也未曾达到过这种程度），而只是希望在与官办和外资企业的竞争中谋取一席生存之地。因此，民营企业集团只是在形式上与外国的垄断集团有某些相似之处，其内含则完全是中国式的。

通过以上叙述我们可以看出，在 19 世纪末 20 世纪初，经过一定时间的发展，民营工业企业已经具有了一定的基础，与民营工业相配合的经济环境、制度环境也逐步建立起来，中国工业也有了一定的扩张经验，民营工业企业集团的产生已为水到渠成之势。

注　释

1　严中平：《中国棉纺织史稿》，北京：科学出版社，1963 年，第 55 页、319 页。

2　许涤新、吴承明：《中国资本主义发展史》第 2 卷，人民出版社，1993 年，第 277 页。

3　18　20　王铁崖：《中外旧约章汇编》（一），北京：三联书店，1957 年，第 31、291—307、818 页。

4　姚贤镐：《中国对外贸易史资料》（卷一），北京：中华书局，1962 年，第 1615—1616 页。

5　《上海对外贸易》，上海：上海社会科学院出版社，1989 年，第 67 页。

6　7　8　越裔译：《近百年上海通商经济史》，台北：文海出版社，第 21 页。

9　中国人民政治协商会议上海市委员会文史资料委员会编：《上海文史资料：旧上海的外商与买办》，上海：上海人民出版社，1987 年，第 126 页。

10　汪敬虞：《唐廷枢研究》，北京：中国社会科学出版社，1983 年，第 81 页。

11　《英国领事馆报告 1875—1876》，第 34 页，转引自张国辉：《晚清钱庄与票号研究》，北京：中华书局，1989 年，第 65 页。

12　对于买办开钱庄的情况，张国辉先生在他的《晚清钱庄和票号研究》一书中作了详细叙述,这里仅撷取几例。徐润1859年在宝顺洋行任职时,便已与人合股开设敦茂钱庄;唐廷枢在怡和洋行任总买办的十年中,曾与同伙开设过四家钱庄。上海李百里洋行的买办同时就是协丰钱庄的大股东;怡和洋行的买办祁贵同时又是义和钱庄的主要股东。也有的买办本来是从钱业出身的,与上海新沙逊洋行颇有渊源的买办王宪臣,是从钱庄出身转化为麦加利洋行买办的。另一个出身于钱庄家庭的胡寄梅,也是在长期经营钱庄之后,才成为中华汇理银行的看银师和买办的。其他地方的买办与钱庄的关系与上海也大致相同,这里不再一一列举。

13　郝延平:《十九世纪的中国买办:东西间的桥梁》,上海:上海社会科学院出版社,1988年,第90页;洛克伍德:《美商琼记洋行在华经商情况剖析》,上海:上海社会科学院出版社,1992年,第65页。类似的描写见诸于当时的很多著述。如小奥占斯丁·何德的《新中国与旧中国》,第21—30页,《英国蓝皮书1867—1868》第69卷,第10页。

14　古伯察:《中华帝国——鞑靼、西藏旅行追报续编》,引自沙莲香《中国民族性》(一),第6页。

15　《北华捷报》,1853年5月7日,转引自《上海对外贸》第91页。

16　费成康:《中国租界史》,上海:上海社会科学院出版社,1991年,第204页。

17　天津市政协文史资料研究会:《天津租界》,天津:天津人民出版社,1986年,第80页。

19　黄懋材:《沪游脞记》。

21　汪敬虞:《十九世纪西方资本主义对中国的侵略》,北京:人民出版社,1983年,第282—283页。有关外资企业在华状况还可参见孙毓棠主编:《中国近代工业史资料》、《抗戈集》;严中平主编:《中国近代经济史》中的有关内容。

22　《海关贸易报告册1880年》,(下),第245页。

23　31　孙毓棠:《中国近代工业史资料》(下),北京:科学出版社,1957年,第1176、1177、1182、951、971、974页。

24　孙毓棠:《中国近代工业史资料》(上),北京:科学出版社,1957年,第71、76页。

25　《海关贸易报告册》1878年下篇,第43页,1879年下篇,第269页。转引自孙毓棠:《中日甲午战争前外国资本在中国经营的近代工业》,上海:上海人民出版社,1956年,第19页。

26　28　29　张国辉:《洋务运动与中国近代企业》,北京:中国社会科学出版社,1979

年,第23、74—75、74 页。

27　赵冈、陈钟毅:《中国棉业史》,台湾:联经出版公司,1977 年。

30　上海市工商局编:《上海民族机器工业》(上),北京:中华书局,1966 年,第89 页。

32　33　樊百川:《中国轮船航运业的兴起》,成都:四川人民出版社,1985 年,第457 页。

34　35　邮电史编辑组:《中国近代邮电史》,北京:人民邮电出版社,1984 年,第45、65 页。

36　中国人民银行上海分行辑:《上海钱庄史料》,上海:上海人民出版社,1960 年,第165 页;原载《东方杂志》23 卷4 期,第17 页,1926 年2 月15 日。

37　38　杜询诚:《民族资本主义与旧中国政府》,上海:上海社会科学院出版社,1991 年,第72 页。具体情况参见该书第72—78 页。

39　40　41　中国社会科学院历史研究所翻译:《剑桥中国晚清史》(下),北京:中国社会科学出版社,1985 年,第501 页。

42　汪敬虞编:史料(上),第637 页。

43　对清末政府振兴实业的情况日本学者仓桥正直有详细叙述,参见《国外中国近代史研究》(7),北京:中国社会科学出版社,1985 年,第116—124 页。

第三章

近代民营工业企业集团的生产组织管理

一、近代民营工业企业集团的形成和本书选定的研究对象

(一)近代民营工业企业集团的产生及其发展阶段的划分

1、近代民营工业企业集团的产生

简单地说,企业集团就是由若干个(两个或两个以上)的企业在一个资本名义下的集合。这个资本可以属于一个人,一个家族,也可以是几个合伙人或股份公司。

20世纪初,中国交通、通讯、金融等企业硬环境以及有关企业的政策、法规、制度的软环境的改善,使企业有了扩张的可能。同时,民营资本企业自19世纪70年代初产生以来,经过几十年的发展,已经积累了一定的资本和管理经验,而且作为资本主义企业,它本身就存在积累、扩张的冲动。因此,20世纪初年,在民营工业企业中出现了由单个企业向多个企业发展的趋向,民营工业企业集团开始出现。

近代企业集团产生的原因是多种多样的,总的说来可以归结

为两个方面因素的影响。

一是外部经济环境的挤压。20世纪初的中国,近代企业的外部环境虽有改善,但仍然非常恶劣,对民营企业来说更是如此。从民营企业产生到20世纪初,民营资本的增长速度虽然很快,但是相对于外资和官办企业来说,其实力仍相去甚远。就是从整个中国资本主义发展水平来看,在以传统农业经济为主导的经济结构中,资本主义气息比较浓厚的经济区域,不过是汪洋中的几座小岛。资本主义企业在发展壮大的过程中,必须具备自己培植生产要素的能力,也就是说,在传统经济的包围中,创立近代企业所需要的一切条件,包括资本、劳动力、生产资料等生产要素,必须由企业本身从传统经济中转化,或从国外引进。企业生存和发展所要求的有效率的政府、完善的制度法规、良好的社会风俗习惯都有待创立、创新和改善。从这个意义上来说,每一个近代工业的创立都是对不合时宜的旧制度的冲击。在经济稍发达的地区如上海、天津、汉口、广州等大都市,尚可依赖于一些具有资本主义性质的制度安排和生产条件,使创业成本和各种交易费用因生产要素市场和商品市场的相对完善而得到大量节约。然而在资本主义影响相对稀少的地区,在创办一个企业的同时,还需要建立企业所赖以生存的基础设施,如原料、动力、运输等密切相关的各类辅助企业,其实质不亚于兴建一个尽可能自给自足的工业企业集团。

二是民营企业自身做大图存的需求。民营企业面临着外资企业和官办企业的强力竞争。由于资本相对较少、技术相对落后,民营企业只有利用一切可能的方式壮大自身的实力,由企业增长为或结合为企业集团便是行之有效的手段。由此可见,民营工业企业集团的产生,与其说是中国民族资本主义已经发展到成熟阶段,并对一些行业产生了垄断倾向,还不如说是民族资本的一种自我保护手段更为贴切。当然,不同的企业领袖因个人的出身、性格、文化程度等个性的不同,使企业扩张具有不同的指导思想,并体现在各企业集团在组织结构、经营管理等方面的差异上。如大生集团的张謇,他创办大生集团实质上是贯彻他的棉铁主义、地方自治的政治理想;出身于钱庄商人的荣氏兄弟则设厂不厌其多,集中所有资力投入最有利的,也是荣氏兄弟最为稔熟的粉纱两业;而企业大王刘鸿生又本着不把所有的鸡蛋放在一个篮子里的原则,以求在各个力所能及的行业里获利。这些企业家所采取的不同的经营策略不过是不同的图谋生存和发展的方式而已,其企业发展很难超越当时的历史条件的限制而摆脱本身的宿命。

2、近代民营工业企业集团发展阶段的划分

为了叙述的方便,我们把近代民营工业企业集团(以下简称企业集团)从产生到1936年的发展划分为四个阶段:

20世纪初以前是企业集团的产生阶段。在此期间,企业集团形成的条件日益成熟,有些企业已经由单一生产单位向多个生产单位拓展。

20世纪头20年是企业集团的发展阶段。由于外国资本压力的减轻,爱国民族运动的高涨,为民营企业的发展创造了极为有利的时机。民营企业家也尽可能地利用了这一机会,新的企业不断设立,原有企业极力扩张,可以说几个大的民营企业集团都是在这一时期奠定了基础。

20年代以后,中国的社会环境又恢复到半封建半殖民地社会的常态,然而民营企业业经前一阶段的扩张,有了较为稳固的实力基础,不再像刚产生时那样脆弱易折。因此,尽管这一时期的外部经济环境已大不如前,但民营企业还是有较大的发展,尤其是规模较大的企业集团,通过自身的扩大再生产和对其他企业的兼并,有了比中小企业更快的增长。这种情况一直持续到 30 年代初期,可称之为巩固时期。

30 年代初以后,民营企业由于官僚资本膨胀开始处于受压抑、被排挤的状态。荣氏企业的搁浅标志着民营企业集团的发展面临着挫折。由于 1937 年后抗日战争的全面爆发,中国经济中断了正常的发展轨迹,我们难以研究企业集团在正常状态下的发展情况。而且这也超出了本文的时间界限,就不再多说了。

(二)本书研究企业集团的选定

有关中国民营工业企业的统计资料,较为全面的是由孙毓棠先生、汪敬虞先生编辑的两种工业史料,后来杜恂诚又在《民族资本主义与旧中国政府》一书中把以前的统计进行了修订,并将时间延伸到 1927 年。从理论上说,依据这些统计资料可以基本描画出民营企业集团的概貌。然而由于一些技术性的原因,如企业资本的具体归属、资本集团对其他企业的参股活动、利用他人名义创办企业等问题,使对企业集团的统计工作难以进行。而且 1927 年到 1936 年统计资料的缺乏,使这一工作更加难以开展。有鉴于此,对企业集团的宏观定量分析只能付之缺如,而且由于资料和本书篇幅的限制,也不可能选择大量的集团加以研究。因此,在众多的企业集团中,选择了规模较大,地域分布较广、不同行业、资本来源不同,尽可能地具有更大的典型性和代表性,据此,我们选定了张謇、周学熙、荣氏兄弟、南洋兄弟、裕大华和刘鸿生几个集团作为研究对象,在研究中根据需要也会涉及到其他一些企业集团,作为参照。

六大企业集团综合情况简表

名称 \ 考虑因素	年份	发源地	资本来源	组织形式	主导行业
张謇	1899	南通	官商借款	混合一体化	棉纺织、盐垦
南洋兄弟	1905	香港	商人资本	横向一体化	烟草
周学熙	1906	唐山	官商借款	混合一体化	水泥、纺织
荣氏兄弟	1907	无锡	钱庄利润	横向一体化	面粉、纺织
裕大华	1913	武汉	租办利润	横向一体化	纺织、煤矿
刘鸿生	1920	上海	买办利润	混合一体化	火柴、水泥、毛纺

资料来源:《通州兴办实业公程》,宣统二年五月三日,翰墨林书局;《启新洋灰公司史料》;《荣家企业史料》;《南洋兄弟烟草公司史料》;《裕大华纺织资本集团史料》;《刘鸿生企业史料》等。

二、各具特色的企业集团管理:几个企业集团的管理方式简述

(一)张謇集团

1899 年大生一厂的开工标志着大生资本集团的诞生。经过 20 多年的艰苦努力,大生集团在 20 年代初达到鼎盛时期。1923 年以前,大生集团共创办企业 42 个,包括轻重工业、交通运输、盐垦仓储、公用事业、金融业等等。1923 年,大生系统已在各行业投资 2483 万元,成为一个实力雄厚、规模宏大的民营企业集团。20 年代以后,大生系统开始走下坡路,因负债过多而被银团接管,从此一蹶不振。

作为一个大型民营企业集团,它的发展与不发展受到众多因素的制约,这里仅从集团管理方面对其经验教训加以总结,探讨大生企业集团失败的根本原因。

大生纱厂是张謇赖以成就其事业的基础。在大生创办过程中，张謇倍尝艰辛，因此在经营管理上极为用心，对大生的一切事必躬新，亲手厘定厂规、厂约，对职工的奖惩都作了详细规定。在他的影响下，大生重要职员无不兢兢业业，恪尽职守。在严格的管理制度和管理人员的认真管理下，先天不足的大生不仅站稳了脚跟，而且成为张謇向其他行业投资的金库。

创办大生纱厂只是张謇作为实业家生涯的第一步。大生纱厂的成功让他看到了近代工业带来的丰厚利润，实业救国的理想也促使他创办更多的企业。但是有不少企业因不管条件，只讲需要，仓促上马，给企业的经营管理带来了许多的弊端，以至影响到大生集团的生存。

1、企业的迅速扩张，使张謇无法在较短的时间内找到合适的企业管理人才，从根本上造成了企业管理的失败。

从 1899 年到 1923 年，大生系统一共创办了 40 多个企业，有时一年要新建企业好几个，张謇本人根本无力顾及，而且他本人也并非企业管理的专门人才，大生纱厂的成功只是依靠他的精心筹划。后来他的时间精力大多耗费在政治斗争上，不仅对其他企业的创立无暇顾及，就是对他赖以发家的纺织厂也并不认真对待，对其管理人员，他"仅凭一时高兴，立时之间，即指定某人负责四厂，某人负责五厂，任其购地建厂"。这样自然是资本虚掷，"结果只有大生八厂勉强开车，其余四、五、六、七厂，砖瓦木料，堆置日久，无人顾问，成了瓦砾堆"。赖以为生的纱厂的管理人员尚且如此，其他企业可想而知。企业管理人员的不负责任，使企业管理根本无从谈起。

2、既使原来有效的企业管理也由于集团主要领导者的自身疏忽和腐败而弊窦丛生。

张謇在由实业又转向仕途之时,将其实业管理大权交给了他的叔兄张詧。据后人评论"张詧为人极精明能干,就是自私自利心很重"。大生集团的贪污腐化之风就是从这个张詧始。在他经管的纱厂里,每次出纱"自己以韩谷记先留下一手,预购若干,涨价则归之私囊,跌价则不闻不问"。[1]这种对纱厂利益公然侵害的做法成为下属仿效的榜样,以至纱厂开盘时竟有数日几无可售之纱。而厂中职员则在纱价上上下其手,大发其财。

集团高级领导人的奢靡生活方式也是导致普通职员贪墨的重要原因。1902年到1924年,张謇在通海各风景区建私人别墅15处,整日交游宴饮,奢华无度,一反其创业时连每顿饭菜都限质限量的廉洁自律的实业家风范。由他带头,企业的高级职员、普通职工也无不为满足高消费生活而处处营私舞弊,破坏厂规、厂约。

3、企业对工人的管理在引进近代企业管理方式的同时,依然受传统管理方式的影响,很多管理办法停滞在封建衙门时代,显示了企业管理的落后。

大生系统是资本主义性质的企业集团,它的一切规章制度也都带有追求高剥削率的要求。同时作为半封建半殖民地社会条件下的企业,它又采用超经济手段对工人进行管理。尤其是张謇兄弟都曾在封建衙门里当过官僚,把官府中的一套管理方式应用到企业中自然是轻车熟路。在大生纱厂中。厂约中规定了苛刻的生产定额并据此对工人进行赏罚。就当时的设备条件来看,一般工人完成厂约中的定额几乎是不可能的,因此对待工人也就是多罚少赏,严重挫伤了工人的生产积极性。赏即鲜有,罚则常见,而且罚的方式多种多样。除经济性的罚款、克扣工资外,在大生一厂、分厂的厂规中还有戒尺打手心、游厂等人身侮辱性的体罚。由此可见,大生系统的管理方式还停留在手工工场中对工人的简单监督上,甚至还采用更为落后的封建手段。这也是大生系统生产效率低下的一个重要原因。

4、从企业的资本关系上看,由于企业股东的产权没有按照近代企业发展的要求进行明确划分,产权所有人也很难充分有效的行使权力,致使管理者为所欲为,导致企业停业整顿。

从理论上说,企业的产权应该属于投资者。企业的管理者可以是他们的代表,也可以是他们所聘任的代理人。当企业经营有利时,股东可以对管理者继续聘任,企业经营不利时,股东有权罢免管理者,更换其产权代理人。但大生集团中却是另外一种情形。张謇在创办大生时乃一介寒儒,薄有资财而已。大生纱厂的资本是由政府和商人两方面的投资,其中25万的官股是借款性质,私人投资虽有各种动机,但大部分都是所谓面子款。真正具有实业投资目的的大概只有厂董的4100元。[2]由此可见,大生纱厂的投资实际上等于张謇以个人名义向各方面的借款,这就为他以后代表这些人行使产权奠定了基础。大生投产获利以后张謇更是大张旗鼓地以高利吸收存款以壮声势。因高利所诱,前来存款者络绎不绝,直发展到要托人方能存入的地步。这些资本自然也归张謇调度。无论以何种形式入股或存款的资金,它们的目的只有一个,就是要分润于大生集团。因此从根本上说,这些股东债主都非常希望大生集团能够顺利经营,为他们提供更多的红利、股息和利息。

但是作为企业创办人的张謇和以后作为企业主管人的张詧以及张氏的家族成员都有不同的利益目标,企业的产权所有者和它的代理人在企业目标上往往有很大的差别。

先来看张謇。在张謇的个人生涯中,创办实业虽属重要活动,但他始终没有脱离与政界的交往,经常是以政治家的面目出现于各种场合。因此张謇创办实业除了经济目的外,还有很强的政治目的,仅举一例即可说明。大生系统中的颐生酿造公司,其创业资本是大生各企业垫款3.2万元加上张妻的2万元私蓄共同投资而成。但是张謇却把它当作自己的私人酒窖,将酒大量用于非经济目的的赠送。[3]这样的赠送或许可以勉强解释成是为了提高企业知名度或以此换取官府保护的必要手段,但如果要说张謇没有藉此结交官府以提高自己政治影响的动机,恐怕亦非事实。况且牺牲的只是一家酿造厂,而获益的是整个大生集团,从整体利益考虑也未尝不是一种合理策略。但是对酿造公司的股东来说,他们的权益无疑受到了巨大侵害,等待他们的结果只有破产倒闭一条路。

不妨再来看看张氏家族的其他成员。张詧,已如我们上文所述,是个极精明却又自私自利的人。张詧能成为大生集团的第二号人物,既不是因为他在集团中的投资数额所决定,也不是依靠平日辛勤工作所取得的威望,他所依赖的不过是张謇在企业中的地位。因此,他作为企业的主要负责人并不代表企业的产权所有者——股东的利益,恰恰相反,他正是利用这种非正式方式获得的权利为自己谋求最大的利益,而把企业发展仅仅作为他获取利益的一个前提条件。一旦当他的个人利益与企业利益不一致时,他会毫不犹豫地弃企业利益于不顾。由于企业管理的大权掌握在张氏家族手中,他们在选用管理人员时也多以自己的亲疏为条件,由此造成了企业纪律松弛、中下层职员玩忽职守、只顾捞钱的混乱局面。

张氏兄弟的行为理所当然地会遭到企业股东的强烈反对,然而这种反对的声音如此之弱,以至于使张氏兄弟能够拖延到1907年才给企业的真正产权所有者一个维护自己利益的机会。但是他们只在这个问题上小有所成。在1907年大生第一次股东大会上,股东们要求成立一个全部企业的综合管理机构以限制张氏兄弟的权力,通海实业公司就是这一目的的产物。可惜的是这个机构并未能起到它应有的作用。

对一个专职的企业管理人员来说,如果他的工作违背了企业产权所有者——股东或其代表——董事会的利益或意志时,就会被撤换以寻求更为合适的人选。但在事实上,这一近代企业的基本法则在大生系统中是难以发挥作用的。张謇在全国享有很高的政治、社会声誉,只要他愿意就可以把整个集团控制在手中,他的确也是这样做的。不仅如此,他还在一定程度上对张氏家族的其他成员和亲信起到了保护作用,尽管这种袒护有时并非是有意的。在这种管理体制下,大生集团的经营状态每况愈下。待到张謇去世后,大生已病入膏肓,不久就被银行团接管,从此再无起色,只是硬拖到抗战而已。

(二)周学熙集团

周学熙集团主要由启新洋灰公司(1906年)、滦州矿务公司(1907年)、滦州矿地公司(1908年)、华新纺织公司四厂(1918年)、中国实业银行(1919年)、耀华玻璃公司、普育机器厂及北京自来水厂等组成。"其主要企业的资本额至少有42608390元"。[4] 周学熙集团的发展是由点到面逐步扩张的。1906年创办的启新洋灰公司和1907年创办的滦州矿务公司是整个资本集团扩张的基础。启新洋灰公司开办伊始即获大利,"最初二年,不待结账,即先发息"。1906年到1912年"股东分得的股息和红利累计为百分之九十八,已基本收回本金"。[5] 滦州矿务公司也是个极为赚钱的企业,除去与开平煤矿竞争的最初几年外,1912年与开平联合后,每年都获得高额利润。

启新和滦矿的收益为股东投资其他企业奠定了基础。1915

年周学熙再长财政时看到华中纺织厂获得巨利,亦不甘落后,"遂授意其弟周学辉(实之)联合当时滦矿、启新洋灰公司股东言仲元(敦源)、山东盐运使杨昧云(寿枏)、安徽都督、中国银行总裁孙多森(荫庭)、陈一南(维壬)、德州机械厂坐办马学廷等十二人发起,倡仪组织成立华新股份有限公司。计划在天津、郑州、石家庄、青岛设厂"。[6]原订资本一千万元,足以显示出启新、滦矿股东获取巨利后的雄心壮志。1918年华新津厂出纱,随后华新青岛二厂、唐山三厂、卫辉四厂相继出纱。华新四厂的创办赶上了有利时机。在大多数帝国主义国家无暇东顾时,华新四厂趁机大赚了一笔。既使以后帝国主义卷土重来,华新已经具有一定的实力基础,并非轻易就能打垮。至于耀华玻璃公司更是滦矿公司余利的产物。周学熙刨办滦矿公司的目的是希图以滦收开,所以厚积资本,少发股息,滦矿的最高股息只有2.4元,超出此数即提留为创办事业专款。后来因以滦收开的目的难以实现,除用所存款项支持唐、卫两纱厂外,还提出一部分与比利时一家公司合办了耀华玻璃公司。[7]

周学熙集团创业资本的来源导致了这一企业集团管理上的若干特点,试分析如下。

周学熙集团的各个企业是自负盈亏分开管理的。各主要企业都作为一个独立单位,名义上虽都奉周学熙为领袖,但周学熙并没有一个实权机构能对这些企业的经济行为作有效的控制。他个人之所以在企业中享有较高的权威,完全是因为他和他的家族及派系在这个集团中拥有较为雄厚的资本实力。为了获取整个集团的实质管理权,周学熙希图把全部企业都纳入到一个管理机构之下。集中管理的雏形是为华新系统筹集资本而设立的兴华资本集团。这个综合管理组织确实为华新的资本筹集起到了巨大作用,同时也使周学熙看到了企业综合管理的优越性。为了扩大自己的权力范围,更好地对各企业系统进行有效管理,周学熙于1924年建议成立实业总汇处。从实业总汇处的章程上看,总汇处的设计人确实是想把它作为凌驾于各企业之上的总管理机构。章程规定实业总汇处拥有对下属公司的行政决策权、人事任免权等。实业总汇处的成员由滦矿公司、启新公司、华新津青唐卫等各企业的主要负责人组成。可以看出,成立这一机构的目的显然是想把各企业内部及各企业之间的权力斗争转化为高级职员的相互协商以减低企业的行政内耗,而周学熙企图趁机把整个集团的实权操纵于自己手中的目的也昭然若揭,但是这种削弱各企业领导权的做法直接侵害了各企业负责人的利益,因此必然受到他们的强烈反对。虽然见于周学熙在企业中的资格和威望,大多数企业负责人"都采取了因循敷衍的态度",[8]但是实业总汇处却总不起来,周学熙对此无可奈何,只得把实业总汇处改为实业协会,再改为实业学会,由总管企业集团的实体变成了研究机构。周学熙没能达到自己的目的,也因此而宣布引退,不再过问企业事务了。

与步履维艰的集团综合管理不同,周学熙集团的下属企业在自身的企业管理上都取得了良好效果。而且随着时代的发展,这些企业的管理方式还在不断创新,有些方面已经具有了国内管理的先进水平。这里仅就集团的华新津厂和青厂为例说明之。

华新津厂开办时本打算采用官商合办形式,由于官府企图借机吞并,在不得已的情况下,为保护企业极力扩大商股,不用官费,以免官府插手其间。在扩招商股中无锡业勤纱厂的老板杨味云入股。杨味云入股为纱厂开办提供了必要的管理经验,但与此同时也引入了流行于江浙一带的包工制。从管理体制的设置上来说,包工制先是在外资企业中出现,由于外人不熟悉中国国情,只好采用类似买办制的手法,将对工人的招收管理工作交给包工头,自己只拿利润。中国资本家也将这一方法引进了近代民营企业。包工制是极为落后的管理方法,由于包工头的阻隔,资本家得不到最高利润,工人得不到完整工资。因此对劳资双方来说,包工制都是不受欢迎的。华新津厂的资本家对此也非常清楚,他们不过是把包工制作为一种过渡的管理方式,与包工头只签订了三年的合同。然而就是三年时间也已在华新的管理中留下了诸多的弊端。企业职员中以工头为首的派系林立,使后来企业管理体制的改革难以顺利进行。

华新青岛厂的管理制度经过了三大步的改革,可以作为近代中国企业管理体制改革的一个代表。青岛厂"最初采用的是工务长制,由无锡人吴锦云担任。吴在业勤纱厂多年,记账员出身,始终不懂技术,故生产调度工作均假手工头机匠。后来改为工务长与总工程师并行制。用经验丰富的常州人李雪真为工务长,留日纺织毕业生史镜清为总工程师。但生产管理与技术管理分属,两人不分高下,时起摩擦,技术措施亦得不到贯彻。最后改为工务长兼总工程师制,由史镜清一人兼两职,同时将车间管理人员大部分换为棉业传习所学生"。[9]从青岛厂的管理三变中不难看出,这三变其实是前进了三大步,由外行管理内行到经验管理再到由理论和经验相结合的管理,最终形成了由具有理论知识和实践经验的一线工作人员进行管理的企业管理体制,这是中国近代企业管理的发展方向。不仅如此,青岛厂在进行高级职员调整的同时,对企业的管理制度进行了进一步的完善。青岛厂一改传统的"文武场"的企业管理方式,提出文武场合一的口号,并且在企业机构中增设了考工科,增加技术干部,建立各种规章制度,逐步由人为监督向制度管理转化。

管理机制的调整改进,使青岛厂的产品质量和数量都有很大提高,并且降低了生产成本,提高了劳动生产率。

可见,同在周学熙集团的企业采取的管理方式并不相同,产生的经营结果也有很大差异,就是同样的纺织厂,由于管理方式不同结果也不一样。可见不同的管理制度在企业的发展中还是发挥着非常重要的作用。能够引进采用先进企业制度管理的企业经营效果往往比较显著,因循守旧,采用落后管理制度的企业,经营效果会受到较大影响。

周学熙企业集团中,集团综合管理的失败和单个企业管理的成功,说明周学熙集团中没有一个能够节制全部企业的核心人物。就周学熙本人来说他在全部企业中的资本实力,在创办企业中所作的努力都足以使他成为这个集团的领袖人物。的确,在形式上他也是以这种形象出现的。但是,周学熙集团内部错综复杂的人际关系决定了他不可能也没有成为这个集团的核心。

近来人们在近代企业研究中习惯于把南张北周相提并论,这里不妨也把他们作一简单比较,以说明周学熙不能成为集团实际领袖的原因。

与周学熙不同,张謇在集团中的地位是由他创办大生的资格得来,而以他的社会政治地位加以巩固。在南通没有任何其他人能够在政治地位上与张謇相抗衡。周学熙则不然,他虽然也是由官而商,但投资这个集团的主要成员也是官僚政客,而且比他职高资深者大有人在,他被奉为企业的领袖主要是由于他在创办企业时所作的努力。由于当时朝野官僚的加入,使集团中的人际关系异常复杂。经过长期纷争,大致形成势均力敌的两派,一方是以周学熙为首的安徽派,另一方是以袁世凯家族为靠山的河南派。因为周氏集团极具官方色彩,两派都具有强有力的官方后台,在派系斗争中挟政治势力以取胜的现象并不多见,在大多数情况下,企业的重大决策反而是由企业管理制度的正常途径来进行，以企业产权的所有者股东大会来决定是否通过。就是周学熙本人如果需要对企业进行干预也必须先通过股东大会获得总理职位后才有可能。1924年，他被迫辞去总理职务后，即对企业管理不再插手。

周学熙集团在周作为名义核心人物时和以后集团没有核心领导时都能够较快发展，这说明了对企业发展起决定作用的并非仅仅是周的个人作用，当然，他对集团的贡献不容忽视，而主要是各企业的股东及董事都很关心企业事务，而且这种关心能够通过董事会的股东代表大会反映出来。在企业的权力斗争中，由于各主要企业股东都有很深的政治背景，政治势力在均衡状态下反而不能作为一种可资依靠的力量。所以周学熙集团董事会的人选并不是以政治因素为进退，而是以股权的多少来决定。例如启新洋灰公司就规定，拥有1500股者才有被举为董事查账员之资格，拥有3000股并充董事一任者方有被举为总协理之资格。[10]由拥有大量股票的企业股东作为企业的管理者，使他们的自身利益与企业经营状况紧密联系在一起。因此，从拥有企业管理大权的总协理到一般企业董事都愿意企业经营顺利。这显然与张謇在大生系统中大权独揽放任经营的做法有所不同。

由于周学熙集团是从滦矿公司、启新公司衍生而来，这两个企业的股东也成为以后创办的企业的大股东，由此也把原有企业股东的内部矛盾演变成整个企业集团的内部矛盾，几乎在每个企业中都存在着安徽系与河南系的斗争。派系斗争从根本上说不利于企业的发展，但也应该看到，周氏集团派系斗争已经超越了传统意义的情谊关系，而集中到经济利益的划分上。在争夺企业领导权的斗争中，安徽、河南两系依靠同乡之谊，亲族之情，联合一切能够联合的力量，其目的只有一个，就是拉股票。在股东大会上起决定作用的是股权——也就是说,拥有企业较大产权者方能成为企业的领导人,对企业行使领导权。没有取得领导权的一派也并非毫无实力,他们时刻准备东山再起。由于再次取得权力的欲望,使他们会对正在执政的企业权力者实行严密的监督,随时注意他们的贪污腐败行为和企业的经营状况。稍有差池便在股东大会上大加弹劾。从这一方面来看,两派的斗争又保证了企业能够基本按效益最大化的方向发展。

周学熙集团的企业能够较为顺利的发展,大生集团的步履维艰,从企业的经营管理上说明了制度的重要性。仅从经营管理方式上来看,周集团更加注重企业产权所有者的利益并以此形成了符合企业发展的近代工业企业经营管理制度。事实证明这些管理制度是行之有效的。所以在经济发展过程中,特别是企业发展中制度安排对企业的经营状况发挥着非常重要的作用。从一定程度上说,先进的制度造就了先进的企业。

(三)荣氏兄弟集团

荣氏集团是旧中国最大的民营资本工业企业集团。荣宗敬、荣德生兄弟是以钱庄起家的工业资本家。从1900年他们开始投资近代工业,经过三十多年的艰苦创业,先后建起了以荣家资本为中心的茂新面粉公司、福新面粉公司和申新纺织公司等三大企业系统。荣家企业集团发展的速度之快、规模之大,为近代民营工业企业中所仅见。如面粉工业,自1903年在无锡创办茂新一厂始,到1920年已扩展到上海、汉口、济南等地,成为拥有茂、福新两大系统12个面粉厂的企业群体;棉纺织业,自1915年在上海创办申新一厂始,到1935年也已扩展到无锡、汉口等地共计9个棉纺织厂。抗战前,荣家的茂、福新的面粉生产能力已占全国面粉生产能力的 26.9% ,申新纺织厂的纱锭和布机拥有量也占全国的 20% 左右(东北除外)。[11]

与南张北周不同,荣氏兄弟既没有可藉依靠的政治地位作后台,也没有与官场人物的深情厚意作庇护。在荣氏企业的扩张中所依赖的是资本对利润的冲动,是振兴实业的爱国信念,是艰苦创业的实业家精神。既然没有强有力的政治背景,也就减少了政界人物对企业的干扰,荣氏集团在发展中表现出更加浓厚的资本主义性质。在企业的初创和上升时期,荣氏兄弟所追逐的就是企业规模的日益扩大,利润的不断增长,仅投入很少的时间精力与官场应酬往还。只是到荣氏集团已经具有全国性的影响时,荣氏兄弟才出任一些与商务有密切联系的官方或半官方职务。

荣氏兄弟虽然在发展企业的指导思想上具有强烈的资本主义意识,但受中国半封建半殖民地社会的影响,在企业管理原则中既吸收有资本主义的先进管理经验,却又不可避免地保留有普遍存在的传统管理方式的特征。

荣氏集团的综合管理是通过茂福申新总公司进行的。1919年,为了便于统一管理,加强对各企业的控制,荣氏兄弟决定成立一个统一的管理机构。1921 年,茂福申新总公司在上海江西路正式开业。总公司是统领下属所有企业的首脑机构,由荣宗敬任总公司及其所属 16 个粉、纱厂的总经理。由于荣氏兄弟在创办各系统企业时采用的都是无限公司或合伙方式,各企业虽都有股东会,但并无多大权力。因此,荣宗敬掌握的总公司成为各企业的名符其实的首脑机构。

总公司下设 8 个业务部,即庶务、文牍、会计、粉麦、花纱、五金、电气、运输等。从总公司的机构设置上也可以看出,总公司并不直接管理各企业的内部生产,只是对各企业的原料采购、产品推销、资金周转以及人事安排进行集中管理。事实上,总公司已经成为各企业的监督、协调机构,执行着实际管理职能。在上海的各厂经理每日要按时集中在总公司汇报生产业务情况及存在问题,外地各厂则以邮电通讯方式向总公司作汇报。

从荣氏企业集团发展的总体角度看,总公司的成立使荣氏兄弟掌握了统领企业的全部权力,有利于企业内部的相互支持。如对各企业剩余资金的统一调配,不仅可以把资本投入到最需要的地方,而且也恰恰符合了荣氏兄弟要"拿大钱,所以要大量生产"的脾胃,可以把这些资金用于租、买、建的方式添建新厂。当然,荣氏兄弟成立总公司的主要目的还是希图巩固对所有企业的产权,因此在管理组织上采用的仍是他们觉得易于控制的无限公司形式,而且在具体企业管理中也使用了很多传统的管理方式。

荣家企业的工厂管理制度也是从社会上广为流行的管理体制中引进而来,并无多少创新。申新系统的工厂组织如下:

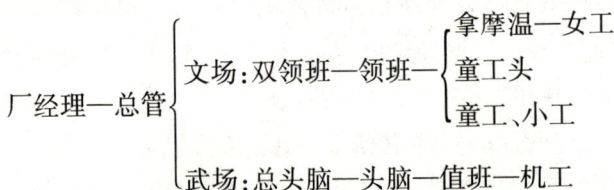

$$
\text{厂经理—总管}
\begin{cases}
\text{文场:双领班—领班—}
\begin{cases}
\text{拿摩温—女工} \\
\text{童工头} \\
\text{童工、小工}
\end{cases} \\
\text{武场:总头脑—头脑—值班—机工}
\end{cases}
$$

企业的实权掌握在武场总头脑手里,他是企业生产、人事、组织的实际管理者。他有权决定企业机工的招募、解雇、升工,任命各主要车间的工头,对原料的选择、成品的检验,车速的快慢,操作的方式等都要具体负责。文场领班地位虽在武场头脑之上,但他只是负责记账、统计、人事、考工、劳动工资等工作,他们的职责偏重于行政管理。

粉厂的管理在组织形式上与纱厂大同小异。茂福新各厂一般在厂经理之下设一总管,领管全厂的职工。粉厂的管理组织形式为:

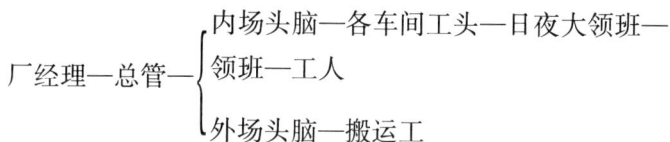

$$
\text{厂经理—总管—}\begin{cases}\text{内场头脑—各车间工头—日夜大领班—}\\ \text{领班—工人}\\ \text{外场头脑—搬运工}\end{cases}
$$

粉厂的实权掌握在内场头脑手中。他对生产过程中的一切具体事务负责。

与其他企业一样,荣家企业的管理体制最初也是从外资在华企业中模仿而来,采行的也是极为流行的工头制。但是工头制只是外资在华企业因对中国国情陌生迫不得已采取的管理方式。对中国人自己创办的民营企业来说,这种既压制工人的生产积极性,又阻碍技术进步的管理体制是极不适合的。随着企业的发展,对工头制的改革已势在必行。因此当20年代初,民营企业风行管理体制改革时,荣氏集团也作了废除工头制的尝试。

荣氏集团的管理体制改革于1924年初首先在无锡的申新三厂进行。改革的主要措施是在企业中实行工程师制,以学生制代替工头制,即任用一些原来在日商丰田纱厂工作过的以及一些从杭州甲种工业学校等专业学校毕业的技术人员来厂担任工程师,以代替工头对工厂进行管理。但是这一改革并非一帆风顺。其间问题错综复杂、起伏跌宕的情景也难以备述,[12]这里使我们感兴趣的是企业管理体制改革在企业老板积极支持下为什么还是困难重重。细究其因,主要是因为新式管理人员在对企业实施严格的科学管理制度时,忽视了国情、厂情。

自古以来,中国就是一个非制度化的社会,个人的行为规范主要受社会关系、伦理道德的约束。在传统观念的熏陶下,中国人宁为知己者死,而不愿受制于人。新派职员在改革伊始即推行从西方生搬来的严厉的科学管理制度,恰恰大背中国人性情,使工人认为自己受到了心理伤害,因而激起大多数工人的逆反心理。而且,新派人物所极力要割除的弊端正是工人在工头制下能够获得的小恩小惠,如严格做工时间、减少工人工资、取消车间栏凳不准工人休息等。[13]这些稀有的优惠习惯被取消后,新派职员并没有考虑从其他方面进行补偿,只是把工人当作附着在机器之上的劳动工具而已。所有这些心理、经济的损失都使工人对企业管理制度的改革极为不满,在工头的别有用心的煽动下终于酿成了工头、工人群殴新派职员的事件。因此尽管荣氏兄弟已经看到了由管理体制改革所带来的劳动生产率提高,生产成本节约等优越性,但由于工人、工头的强烈反对最终也没能把管理体制改革彻底进行下去。只是在数年以后才逐渐地在企业中替换了工头制。

20年代中期以后,荣家集团总公司的其他企业也都进行了管理体制改革。

荣氏集团前期能够获得比较快速健康的发展,从企业经营管理方式上看有些经验比较明显。一是对所有企业产权的把握。与其他集团不同,荣氏兄弟通过一些既符合传统习惯,又符合近代经营管理理念的方式来实现对企业的掌控。从资本产权上看,荣氏采取了中国人的传统方式,以无限责任公司换取了对企业绝对的管理责任,企业产权明晰,不会因为产权问题对管理人员提出挑战。二是企业的出资者就是管理者,这也是中国的传统企业的习惯,由于产权清晰,荣宗敬成为企业集团的绝对权威,经营管理思想能够贯彻到底。对企业的经营管理,无论是作为集团,还是作为单个企业都能实现绝对控制,减少了不必要的扯皮、争议。三是对传统管理和近代管理制度的兼收并蓄,使企业能够顺应时代的发展而不断成长。任何一个企业都不可能超越时代背景,做出脱离时代限制的制度创新,只能是在原有制度的基础上进行引进、改造和创新,在积累到一定程度之后,才产生制度的变迁。从历史的眼光来看,制度创新的层次比较明显,但是就创新的过程来说,是一个渐变的过程。荣氏集团既没有泥古不化,坚守旧制,也没有生搬硬套,全盘西化,而是对二者进行了比较有机的结合,经营管理制度的适合对荣氏企业的成功发挥了非常重要的作用。

(四)南洋集团

与本文研究的其他企业集团相比,简照南、简玉阶兄弟创办的南洋兄弟烟草公司是经营范围相对狭窄,资本数量也较少的一个企业集团。

南洋兄弟烟草公司的创办人简照南是日本华侨,他与他的弟弟简玉阶于1905年在香港创立广东南洋烟草公司,资本10万元港币。简氏兄弟以此为发轫,开始了数十年在烟草业的艰苦奋斗。1928年南洋达到鼎盛时期,从资本负债表上看,南洋的公积金盈余底存达2007万元。[14]抗战前,南洋的烟草加工厂已经分布在全国很多大城市如香港、上海、汉口、沈阳等地,此外在印尼也设立了卷烟厂。

南洋在发展中经历了股份无限公司、有限公司的数次变更,最后在1918年改变成股份有限公司,同时将上海分厂改为总厂,将营业重心从香港转移到上海。无论公司采取的是哪一种组织形式,简氏兄弟都牢牢地掌握着整个公司的经营管理大权。

　　简氏兄弟在经营南洋的过程中,考虑到烟草业的特点,将主要精力投放到烟草的种植、收购和产品的推销上,尤其是产品的推销是他们最为重视的环节,1925 年南洋已在全国各大城市设立分公司 18 处。工厂的设立是根据分公司的销售情况决定的,哪个地方销售量大就在哪个地方设立分厂以敷供应。制造厂由当地分公司的主任管辖。

　　南洋企业内部的组织管理机构简单明了,这里以上海厂为例试说明之。根据"南洋公司上海制造厂工务室组织规程"规定:上海工厂工务室直接隶属于上海总管理处,受总协理指挥、监督。工务室设工务长、工程长各一人。工务长主管"厂内职员陟黜去留、原料之规划、预算之制定、出品之配制、工作之考核、款项之支给、货物之签据,及负责办理对外一切事务"。[15]工程长办理厂内工作之改善,工厂之布置、工程之考核、职工赏罚之审定等事务。两长都要秉承总协理之命,进行工作。

　　工务室又设机卷、叶组、包装三部,各部设主任一人,助理若干人,都由工务长、工程长节制。直接管理工人进行生产的是各部长之下的监工,他们负责监督工人遵守厂规。

　　其他各厂的生产管理机构也都大同小异,除负责人员的称谓有所不同外,在经营管理方式上并无差异。

(五)裕大华集团

　　裕大华集团是在楚兴公司的基础上发展起来的以纺织业为主的工业企业集团。1911 年,徐荣廷经过与其他公司的激烈争夺,最终获得了湖北省官办的纱、布、丝、麻四厂的经营权,并于同年成立了楚兴公司经营四局。在十年的租赁经营中,楚兴公司获得了一千多万元的利润。以此巨利为基础,楚兴公司的领导人开始筹建自己的纺织厂。他们于1922年先在石家庄创办了大兴股份有限公司,1923年开工的裕华厂筹建时间更早,但建厂过程中的各种问题使工期拖延,反而晚于大兴厂开工。1936年裕华、大兴又共同投资在西安兴建大华纺织有限公司。由于裕华、大兴、大华三家公司的主要投资者基本相同,在实质上已经形成了一个统一资本之下的企业集团。1936年时。裕大华三公司的资产总值已达21683371元。[16]除纺织业外,裕大华集团还投资经营有利华煤矿,1935年利华煤矿的资产总值亦有1561826元。

从表面上看,裕大华只是一个有着松散业务联系的企业集团。裕华和大兴只是在原料采买时方有联合之举,工人、技师不过偶有相互调用而已。它们的生产经营、财务收支、股利分派则是完全分开的,而且两个企业都有各自的总公司。然而,多数主要投资人的一致统一了这两个公司的基本利益,尤其是两个公司共同投资兴建大华公司后,关系更为密切。此后,连接三个公司的纽带已不仅仅是资本,一些共同机构的设置以及总公司的职能改变,使它们成为一个联系紧密的企业集团。这三个相对独立的企业恰如一条根上的三株大树,表面上互不交叉,根子里却血脉相通。虽然没有统一的管理机构,所有公司的核心领导人物却基本相同。他们在一定程度上可以在各公司之间进行人员、原材料的相互调剂,把有效的管理经验在各公司推广。值得注意的是,裕大华的三个公司在人事管理、财务管理、生产管理上都有相当大的自主权,各公司实行的是财务独立核算,很少有资金上无偿的相互挹注,这就保证了各公司有最大限度的经营自主权,能够最大限度地发挥其经营的灵活性、主动性,各公司都取得了良好的经营成果。

裕大华各企业的生产管理先期实行的是经理负责制,在苏汰

余接任徐荣廷总管集团之后又实行了董事制。公司权力由董事长
掌握。不过公司组织结构的变动对各企业的生产管理组织并无多
大影响。裕华公司的管理组织情况大致如下：

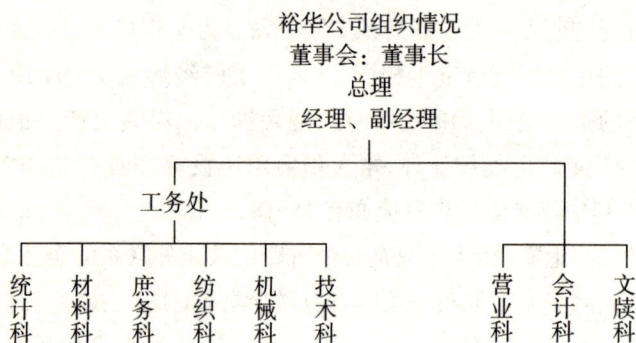

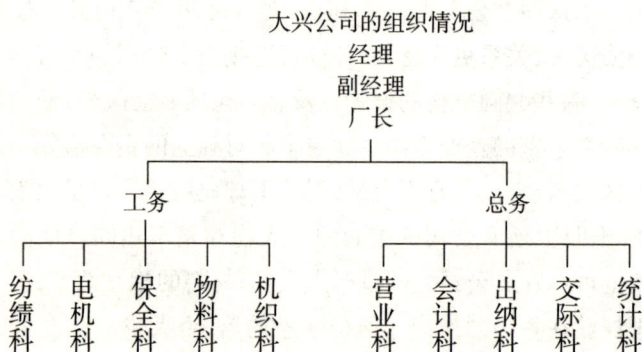

裕华公司组织情况

董事会：董事长

总理

经理、副经理

```
                        经理、副经理
                 ┌───────────────────────┬──────────┐
              工务处                                  │
   ┌────┬────┬────┬────┬────┬────┐        ┌────┬────┬────┐
  统   材   庶   纺   机   技              营   会   文
  计   料   务   织   械   术              业   计   牍
  科   科   科   科   科   科              科   科   科
```

大兴公司的组织情况

经理

副经理

厂长

```
                        厂长
        ┌───────────────────────────┬───────────────────────┐
      工务                         总务
 ┌────┬────┬────┬────┬────┐   ┌────┬────┬────┬────┬────┐
 纺   电   保   物   机        营   会   出   交   统
 绩   机   全   料   织        业   计   纳   际   计
 科   科   科   科   科        科   科   科   科   科
```

　　大兴公司的全部职员只有 76 人,大部分的科室只设主任一
名,严格分工,各司其职。简要的机构设置提高了办事效率。"由
于(公司职员)每年每人都有一笔可观的酬劳金,所以公司的职员

一般都肯干。如总公司办事处，只有四名办事人员，经常日夜工作，天天加班"。

裕大华的公司经营者实行的是集体领导制。虽然股份有限公司的董事会每届都要重新选举，但每次换届的结果仍然是徐荣廷、苏汰余、姚玉堂、张谠谦、黄师让等几个核心成员掌管大权。他们自楚兴公司时期就开始在一起合作，长期共事使他们在工作中配合默契，得心应手。徐荣廷是这个班子的龙头，全盘负责一切事务。苏汰余在德荣厚时即是徐的得力助手。姚玉堂是会计专家，主理公司财务，张谠谦富有企业管理经验，而且工作勤奋，恪尽职守，主管生产业务，黄师让精通英文，主理中英文文书工作。依据各人特长所做的工作安排，使各人都能胜任本职工作，又减少了相互间的干扰和扯皮，各负其责，提高了整个企业集团管理效率。

裕大华集团在各企业内部对工人的直接管理采用的仍然是工头制。20年代初，上海的一些华商纱厂业已开始进行管理体制改革，用科学管理代替工头制。裕华、大兴没有随潮流而变是有其客观原因的。其一是裕华对楚兴公司管理方式的沿袭。楚兴公司时期，张松谦负责企业的生产管理，裕华建成后，张松谦作为企业的生产主管仍然采取了原来他已熟悉的管理体制。其二是因为裕华、大兴地处内陆，沿海地区的管理体制改革的风气一时尚难波及内地，因此各厂依然保留了落后的工头制。如大兴纱厂设在工业不发达的石家庄。石家庄前此并没有纺织厂，大兴建成后，纺织工人都很难找，只有使用工头制，让工头从附近地区的纺织厂和农村中挖取技工和招收普通工人。

（六）刘鸿生企业集团

刘鸿生办企业最著名的口号是不把所有的鸡蛋放在一个篮子

里。事实也恰如他所言,他的集团是我们选定的几个研究对象中企业分布行业最多的一个集团。刘鸿生以开滦煤矿买办起家,到30年代,已逐步形成为一个包括火柴、水泥、毛纺、煤矿、煤球、搪瓷、织造、码头堆栈以及银行、保险等业的一个庞大的企业集团。抗战前夕,刘氏企业的资产总额已经超过4000万元,成为中国第二大民营工业企业集团。

刘鸿生对企业集团的管理最初依靠的是刘鸿记账房。"刘鸿记设立初期,只是我父亲(刘鸿生)个人财务收支和财产保管的账房,同时又是办理对外文书契约的秘书室。从20年代开始,由于各项企业陆续开办,企业之间调度频繁,这个账房就逐步形成为各企业财务收支的中心,发挥着经济调剂的作用"。[17]随着刘氏企业的扩充,刘鸿记账房亦不敷发展需要。刘鸿生一直在谋划仿照外国的持股公司成立一个统一的管理机构,对他的企业进行集中管理。这个计划酝酿了很长时间,中国企业银行的创办可以说是这一计划实行的第一步。[18]创办中国企业银行一方面是为了各企业之间资金调剂的方便,另一方面就是要通过银行把企业的财务管理掌握在刘鸿生的手中。集中管理的第二步是成立中国企业经营公司,把它作为管理刘氏企业的总部。原以刘鸿生为总经理的刘氏企业全部由中企公司代为经营。从组织设计来看,中企公司确有代管各企业的能力,无奈各企业的具体负责人对此俱不欢迎,或明受实拒,虚与委蛇或干脆拒不执行。[19]据刘鸿记账房的秘书说,企业不愿接受集中管理的主要原因是各企业的经济状况好坏不一,经营好的企业怕受经营不好的企业的牵扯。而且各企业系统都自有一套,自成一体,实行集中管理,都怕大权旁落。再加上刘鸿生此时的经济状况不佳,更促使各企业都不愿意加入集中管理。[20]因此中企公司只在名义上存在了几年,终于自消自灭。

刘鸿生要求实行企业集中管理的目的,事实上恰恰也在于对企业经营管理大权的回收。他本人虽然身兼大多数刘氏企业的总经理、董事长,却不可能有那么多的时间精力去实际履行职责,而要委托他的助手如华润泉、谢培德等进行实际管理。他对这些助手也不无戒心。用华、谢是用其才,还要利用他们之间的矛盾,使他们难以联手共谋企业大权。然而这毕竟是权宜之计。当华润泉已身兼数家企业经理时,刘鸿生不免有些担心,成立中企公司即有夺权之意。此计虽未成功,刘鸿生的担忧却已一目了然。当他的儿子刘念仁刚从美国回来,就立即让他接替华润泉做了刘鸿记账房的总管。

刘鸿生集团经营的主要工业企业有火柴厂、水泥厂、煤球厂和毛纺厂等,这里我们以章华毛纺厂为典型,看一下刘氏集团企业内部的生产管理状况。

章华毛纺厂是 1926 年刘鸿生从沈联芳等人手中购买的日晖织呢厂改建而来。章华毛纺厂的初期经营并不成功,产品质量差,销路塞滞。究其原因,除机器设备陈旧,工艺技术落后外,主要是因为企业经营管理不善。刘鸿生本人在办章华时已身兼五、六个企业的总经理,对章华不可能投入很多的时间精力加以管理,他只对企业的技术人员的聘用、财务状况关心较多,具体的生产管理则交给了章华厂的经理。当时若大之上海无一家毛纺厂,并没有地方可以观摩学习,技术上只有请外国专家来厂指导,管理上则只好自己摸索。就是熟练工人也十分缺乏,只好用养成工代替。因此从 1931 年 11 月到 1932 年 10 月间。章华经营不善,一年之内四易经理。随后由华润泉介绍其外甥程年彭和侄子华尔康来厂任职。

程年彭来厂任职后,采取了一系列措施加强管理。他聘请了一些留学生、大学生担任工程师和技术员,招考一些较有文化的人担任工厂管理员。此时正巧到日本学习纺织技术的学生已经业成回国,当即被分配到各车间负责管理和技术指导工作。新生力量的加入改变了原来外行领导内行的局面,章华厂的管理工作逐渐走向正规。1932 年程年彭拟定的《章华毛绒纺织公司发展计划大纲》又提出了改进工厂管理的办法。他认为:"劳工管理中,首须办理之工作为:一、职工调查。使公司了然于职工之技能、兴趣及职务是否适合于个性及体格;二、职工训练。使职工益胜任其工作,三、职工之鼓励及职工之福利事业。使职工安其事而乐其业。"对生产管理的重视和对销售部门的整顿,使章华厂的经营开始好转。1933 年,产品销路打开,工厂也增加了开工时间。

从章华厂的生产管理来看,到 30 年代初,民营企业的管理水平已与 20 世纪初民营企业刚起步时大不相同了。传统的工头制基本被废除,具有专业文化知识的技术、管理人才走上了生产管理的岗位。管理工人的手段也从简单的监督、惩罚改变为不仅用经济手段来刺激工人的生产积极性,而且把注意力也投向影响工人情绪的生产环境,以及生产时间之外的工人的生活保障、业余活动等方面。这一切标志着民营企业管理的巨大进步,尤其是在民营企业集团中这种进步表现的更为突出。

三、企业管理人员的选用和培训

(一)高层技术管理人才的选拔和重用

"事业之成,必以人才为始基"这是著名企业家荣德生的一句经验之谈,它集中体现了我国民营工业企业集团的领袖人物对人才的一贯观点。自古以来,中国就有重视人才的优良的传统,近代企业家也大都受过传统中国文化的熏陶,有些传统观念甚至已深至骨髓。在数千年的文化淘洗中积淀起来的许多招贤纳士的原则,诸如:"以贤荐贤","唯才是举""内举不避亲,外举不避仇"等等已经是众所周知。近代民营企业家对纳贤之道更是烂熟于胸,并付诸行动。

企业集团的领袖之所以求贤若渴,一方面是因为他们本身就是极为出色的人才,对有才之士惺惺相惜;另一方面则是因为优秀人才可以更好地为他们的企业服务,为企业创造更大的价值和财富。企业集团领袖随时发现选拔重用人才是保证企业发展的重要条件。人才的适当使用可以激活一个部门,一个企业,甚至挽救整个企业集团。尤其是在中国这样一个非制度化国家中,在某些方面人的因素起着更大的作用。优秀人才可以更好地利用这样的环境。

很多著名实业家对人才的选用都有自己独到的看法,如张謇曾说"无人才不可为国",[21]刘鸿生认为"要把适当的人,放在适当的位置上"。[22]著名的企业管理学家穆藕初更强调"人可为事业之灵魂",[23]不仅如此,他还对人才的选拔使用做了详细阐述。他把人才分为科学人才和管理人才,在这两种人才中,他更偏重管理人才,认为如企业无管理人才则必然要倒闭。他对人才的使用有一段精辟的论述:"才各有长短,不持成见,各称其才以用之,则俯仰无可弃之才;人各有习性,不忍苛求,各如其性以谅之,则左右无难处之人。人有善,可扬则扬之,不失直逆于斯民;人有过,当争则争之,不使贻误于大局。联恩义,则不立屏藩,虽机匠木工可共席;定处分,则不顾情面,虽良朋至戚必开除;……片语之谈,真才不失于交臂。迩言好察,下问不弃夫刍荛"。[24]

企业家在经营管理中也确实贯彻了招贤纳士,重用人才的思想。这里随手便可拾取几例。从张謇所受的教育来看,他应该是个传统型的人物,但他在办企业时则以重金聘用外国专家。大生纱厂曾聘用过英国的汤姆斯、忒特和玛特,同仁泰聘用过日本盐工师,南通保坍会聘用过荷兰的特莱克。张謇曾说:"鄙人于用人一端,无论教育实业,不但打破地方观念,并且打破国家界限。"[25]

周学熙也是个传统式的人物,他在用人方式上追求的是"内举不避亲,外举不避贤"的原则。耀华玻璃公司的经理金邦正,与周家无亲无故,只是经由一位外国专家向周推荐而聘用了他。在实践中,金邦正在玻璃制造方面确实有非凡的才干,周学熙便将其任命为经理。周学熙向企业推荐人才时也不回避自己的亲属,他的子侄们大部分都在周学熙集团中占据着重要职位。

刘鸿生对于企业发展有关键作用的人物都以重金聘用,使他们能够全身心地为他的集团服务。为了解决火柴头的配方问题,刘鸿生聘请了化学博士林天骥专门攻关,每月付酬加起来超过1000大洋。林博士果不负厚望,攻克了这一技术难关;同样,为了章华毛纺厂能够摆脱连年亏损的境地,刘鸿生在聘请程年彭、华尔康做主管时,把自己股份的1/4,20万元赠送给他们,鼓励他们努力工作。第二年章华厂便扭亏为盈。

武汉的裕大华集团更是重用人才的典型。不仅企业集团的核心领导人物都各有专长,而且各分厂的负责人也都是精兵强将,随时把为企业笼络人才作为自己的义务。如大兴纱厂的营业部主任温宣德是张英甫在火车上相识的,知道他多年开轧花厂,对棉花的产地、质量、价格和加工情况都很熟悉,是个难得的人才,于是当即聘用。在大兴初办时,内地很难找到熟练的技术工人。张英甫便四处派人收买,甚至有计划有组织地一次从河南广益纱厂挖来200多名技工。[26]

以上仅举出数例说明企业家非常重视人才的选拔和聘用。从大量的招聘人才事例的研究中,我们发现,企业家在选用人才上更注意技术方面的专家,而在管理人才的选用上则有着对家族成员的偏好。这主要是因为技术人员带给资本家的是生产效率的提高,而管理人员则从资本家手中获取经营权并有可能藉此取得更大的个人利益。事实证明,这样的事也并非少数。故此,资本家为了维护自己的切身利益只是在迫不得已的时候才将企业交给家族以外的人去经营。

(二)基层管理人员的培训及对职员的管理

20 年代以后。随着科学管理方法引入我国,大型的民营企业集团都进行了管理体制的改革,其中最显著的一点就是用有专业技术知识的"学生制"代替了传统的工头制。在企业基层管理上采用了严格的科学管理。管理层次的增加,各职能部门职责逐渐明确,使企业对各项专职管理人员的需求不断增长,从此时开始企业不仅注意培养技术人员而且也通过各种渠道培养管理人员。企业集团采取的主要方式有:(1)创办教育机构,(2)派人到外资企业考察,(3)举办培训班。

创办教育机构是企业集团培养中低级职员的最佳途径。在企业自办的教育机构里,学生们可以边学习边实践,结业后立即可以充实到管理、技术第一线发挥作用。办教育最成功的是张謇的南通纺织专门学校。它的毕业生不仅为大生所用,而且也是其他纺织企业借重的力量。另外如荣家集团的公益工商中学[27],周学熙在总办直隶工艺局时创办的高等工业学堂,裕大华集团的楚兴商业学校等都为本企业培养人才发挥了重要作用。

即使有些集团没有自己设立教育机构,他们也经常向一些大学提供赞助,争取获得合适的人才。企业集团自办学校有着极为显著的优点:

一是可以选择培养企业急需的各类人才。在生产管理过程中，人才短缺的部门可以立即把情况反馈到学校，学校可以随时调整培养计划的针对性；二是可以边学习，边工作，成绩好，见效快。企业设立的学校一般实行半工半读的方式，把所学理论和实际操作随时结合起来，不但有助于提高学习水平，而且学生一毕业立即就可以进行实际操作。为了培养学生的实际工作能力，有些学校还在校内设立了工厂、商店、银行供学生实习，使他们尽快适应经济环境；三是企业学校自己培养的学生对本企业有一种特殊的感情，在工作中能够尽心尽力。而且他们作为企业家亲手培养的嫡系人员，也容易获得信赖。

派人到其他企业尤其是外资、外国企业考察也是企业集团培养人才的重要方式。经理、厂长一级的高级职员通常能到外国学习最先进的技术和管理经验，而中低级职员则主要是向外资在华企业学习考察。外资企业一般对参观、学习采取封锁态度。因此，向外资企业学习只能采取隐蔽的方式，让外资厂的工人带其入厂考察关键生产工序，或者作为工人直接到外资厂工作，等学会所需知识后，再返回原企业。不过这样的做法风险很大，一旦被外资人员发现，轻则驱逐出厂，重则痛打一顿，甚至有性命之忧。但是通过这种方式往往能解决企业急需改进的技术管理问题。所以有些民营企业甘愿冒险而为之。[28]

举办培训班主要是解决新技术的掌握和新管理方式的推行问题。培训班的形式多样，有长期的、短期的、脱产的、不脱产的，有时是请企业家训导、著名专家讲学。但最主要的还是由本企业的高级技术管理人员讲课。如1928年荣氏兄弟创设职员养成所，专门培养企业管理人员，到1932年已毕业81人，在荣家企业服务。[29]福新系统也办起了职员养成所。使他们能够及时获得最新的技术、管理知识，应用到生产管理的实践中。

对企业中的职员进行管理是个特殊的课题。在传统的小生产方式中，工场的生产管理人员大都是家族成员，在较大的工场中是通过师徒关系来维护上下级的管理体系。西方的科学管理主要研究的是如何对工人进行管理，而对职员的行为规范则很少涉及。以后的管理学发展继承了这一传统。二三十年代流行的行为学派依然是把工人作为研究对象，考察的是工作环境、生活环境、心理环境对工人工作的影响，与其同时兴起的另一学派——组织学派则注重企业机构的设置。而对它的实际执行者——各级职员也很少描述。因此，无论传统管理方式，还是西方管理理论都没能够为近代中国企业家提供一套科学的管理方式。

从近代企业的实际情况来看，传统观念对企业家的管理行为产生了巨大影响。企业的高级管理人员大多是企业产权所有者的家族成员，只有中低级的，才是招聘而来的管理人才，其中自然也不乏沾亲带故者。荣德生在他的《纪事》中不无得意地写道："昔年老友都为经理矣。"在企业中，"一部分工厂，录用职员依靠情面的也很不少。老板是哪省人，职员即充斥了哪省人"。[30]

从总体上说，企业集团的经营者对职员的管理采用的是以笼络为主、惩罚为辅的管理方式。如果将企业比喻成为一株大树，那么资本家为根，高级职员为树干，中下级职员为树枝，工人则是树叶。作为树枝的中下级职员的职业是较为固定的，他们是资本家管理工人的工具。资本家为了保证职员能够尽心尽责地监督工人劳动。通常付给他们稍微优裕的报酬。刘鸿生"重视知识，重视技术，不惜用高薪罗致专业人才。经理、厂长、工程师这一级的月薪，一般在三百元以上。有高至千元以上的。至于一般职工的工资待遇，也是比较高的。他用较高的工资待遇来吸引知识青年进厂做工"。[31]在我们研究的六个集团中,大多数职员除平时的工资外,年终都有一笔相当于一、二个月的红奖。除此之外,企业还为他们提供职员宿舍、食堂、浴室、医疗条件、子弟学校、娱乐场地等等,在尽可能大的程度上提高他们的基本生活条件,免除工作的后顾之忧,更好地为企业尽力。当然工作不努力的职员也会受到惩罚,但像对工人那样动辄开除的措施是不常采用了,尤其是高级职员,资本家往往依为肱股,难离左右。

（三）惠工措施和工人培训

资本家是资本的人格化,他们所追求的是高额利润,因此无论哪个资本家对工人都是极尽剥削之能事。对工人残酷剥削的实况在专门研究工人运动史的书籍中已经有详尽的揭露,我们这里不再多说,事实上,资本家在残酷剥削工人的过程中也需要防止因手段极端引起的工人斗争,因此也采取了一些较为温和的管理手段企图以此缓和劳资矛盾。从管理学角度来看,这是一个进步。不过这里要指出,中国近代仍然是封建性很浓的社会,资本主义的政策法规很不健全,尤其是保护劳工的法律更为罕见,可以说中国工人劳动状况的每一点改善都是通过他们斗争而得来的。

企业的工惠措施主要表现在:

1、提高工人的福利工资。荣氏企业正式工人在节假日都照发工资,裕大华集团的工人在企业赚大钱的几年中也分得一些红利。很多民营企业,对工作努力。能够全年出全勤的工人实行奖励,一般是半个月到一个月的工资。

2、建立工人宿舍区。让工人在厂内宿舍居住,一方面便于管理,一方面便于工人上班。荣氏企业甚至建立了成片的工人宿舍区,分为单身男工,单身女工,工人家属,职员家属四区。每个宿舍有室长,每村有村长,每区有区长。³²周学熙的华新青岛厂也建有学德宿舍。在宿舍区门外用花砖砌成"互助合作、华新精神"提倡劳资合作。³³

3、建立健全工人的基本生活设施,在一定程度上解决工人的生活问题。企业出资建立工人食堂、浴室,大多数企业设立了工人医院。如南洋兄弟烟草公司浦东分厂规定:"凡工人在厂内工作有病者,由厂内医生医治,药费各项由厂中供给,疾病期间,工资照给半月;过半月以后,则减其半。"³⁴荣家企业规定工人住工人医院免费,养病期间工资减半,以一年为限。为了改变单调的劳动环境,个别企业还组织工人娱乐活动,如周志俊在华新青岛厂组织了许多业余小组,如书画组、球类组、游艺组等,而且还曾组织工人外出参观,但这种活动并不多见。

4、让工人参加企业储蓄,对工人进行企业保险。由于这种措施能够吸收大量流动资金,所以各大企业集团都有不同形式的职工储蓄。在这方面做得最有成绩的是裕大华集团的大兴纱厂。大兴厂地处石家庄,附近没有大银行的金融分支机构,于是大兴厂就办起了企业储蓄部,欢迎工人储蓄。1930年,内部存款达180万元左右所以大兴很少向银行借款。在中国社会保障制度不发达的情况下,企业内部存款也有一定的福利性质,在工人失业时能够起到一定的缓急作用。

5、对工人加强培训。对工人进行职业培训是资本家为了剥削工人剩余价值必须付出的费用,但在一定程度上也提高了工人能力和工作水平。对工人培训的形式多种多样,如组织培训班,由学校代为培训等,但最多的还是边生产边学习的养成工制、包身工制、学徒制。对于包身工,夏衍先生在他那篇著名的文章里已经作了详细客观描写,这里着重谈谈养成工制和学徒制。

养成工的主要来源是直接从农村招收的新工人,他们对工业企业的生产过程没有多少了解,进厂时必须进行职业培训。30年代后荣氏企业在申三、申四大力推广了养成工制,可以作为这种培训制度的典型。根据申四厂养成工的规定,养成期内第一月授课三小时,工作九小时,第二月授课二小时,工作十小时,第三月授课一小时,工作十一小时。三个月养成期结束,然后必须在申四工作一年,以后改为三年。养成工制是大规模培训工人的有效方法,1935年申四厂已经培训了10批1000多名工人。[35]养成工的生活非常艰苦,但比包身工略好。

学徒制也是企业培训新工人经常采取的一种方式。不过因企业条件不同,采用的方式也各异。尽管如此,近代企业的工人学徒制已经与我国传统手工作坊中实行的学徒制有了很大的区别,如师徒之间的非经济关系已经减少到最低限度,这主要是因为机器大生产已经将生产过程转化成简单劳动,不需要长期从师学艺,自然就很难再谈师徒情谊了。实行学徒制的企业有的是工厂招收,分配到各车间由专人负责培训,有的是采取比较松散的方式,由工人自招学徒传授技艺。前者的典型是华新青岛厂,它是在工厂临近的"滨县与临清两县招收农民子弟来厂作艺徒,食宿都在企业,实行统一管理"。后者可以裕大华的裕华厂为例,由于内地工人不易招募,采取了较为灵活的学徒方式。厂方规定正式工人可以自己带帮手进厂工作,这些帮手不作为工厂工人,因此不发工资,这等于是让工人自己出钱为企业培训后备工人。[36]

四、民营工业企业中的家族制管理

家族观念是贯穿于中国历史的传统意识。自古以来,家就成为中国人生活的中心,家族意识也早已超出家庭范围不断延伸,从而把整个社会关系泛化为家庭关系。夫子早云"四海之内皆兄弟也";孟子曰:"天下之本在国,国之本在家";《礼记》称"以天下为一家";《大学》更认为只有修身齐家,方可治国平天下,把理家和治国同等看待。可见家在中国人心中的地位。

从经济发展角度看,家族观念源起于以小生产为主的生产结构。数千年来,以家庭为单位的小生产方式使家庭成员在分工协作中共同担负起支撑家庭的责任。因此在亲情之外,家庭成员之间有一种相互扶持的义务。这种家庭关系又扩张至家族范围并在自然经济中一代一代地沿袭下来,可以说家族观念已经溶进了每一代人的血脉之中。

大机器工业的引进和近代城市的兴起促使小生产方式有一定程度的改变。但数千年来形成的传统意识在极短的时间内很难有较大变化。不仅如此,这种意识反而影响着新式企业的领导人,使家族意识自然而然地溶入了近代企业,最明显的标志就是企业的家族制管理。

所谓家族制管理,从较为宽泛的意义上来说就是企业家任用自己的家族成员充当企业的管理人员,由家族意志决定企业发展方向的一种管理体制。企业的家族制管理在近代企业中普遍存在,就是在当代,从改革开放以后出现的绝大多数民办私营企业中也都是采用了这种管理体制。

在中国资本主义发展史程中,民营资本企业是最先进的代表,而工业又是经济的主导部分,因此我们选定民营工业企业作为研究对象,探究一下传统的家族制度在近代中国经济最先进部分的企业管理上的影响,对研究中国民营经济的发展具有比较典型的意义。

（一）家族制管理在民营工业企业中的体现

从组织形态上看可以把企业划分为独资、合资、股份无限和股份有限公司等不同形式。中国资本主义的产生是资本主义萌芽和外国资本主义侵略的共同产物，因此在企业组织形态的发展上并没有成熟资本主义的那种较为明显的阶段性，而是呈现出一种不同时期各种组织形式杂然并存的状态。而且尤具特色的是，无论哪一种组织形式都没能完全摆脱家族制管理的影响。[37]从不同时期、不同组织形式的企业的管理方式可以明显地看到这个特点。

1. 独资企业

独资企业是指独自一人（一家）出资创办的企业。企业的投资者往往就是经营者。企业创办时。家族成员就足敷生产、管理需要，一般不用外人。即使有雇佣工人，他们与企业主也有着血缘或地缘关系。这类企业在民营工业中很多，广东陈联泰机器厂即是如此。[38]

陈联泰机器厂创办于 1839 年，原是一家专制缝衣针和修理机械的手工作坊。随着业务范围的扩大，逐渐置备了脚踏车床等机器生产工具，由家庭作坊向工厂转变。陈联泰的初创者是陈淡浦，工人职员就是他的儿孙们。他的次子濂川、六子桃川及濂川的三个儿子都在厂中做工。1876 年陈淡浦病逝，工厂传到濂川手上。为了保证工厂顺利发展，濂川任命其长子主理财务、三子负责营业、二子前往福建马江船厂学习机械工程，返厂后负责工程技术工作。这样整个工厂的生产、经营、财务等重要职位都由陈氏父子充任，陈联泰被牢牢地掌握在陈家手里。不仅如此，此后陈氏家族的繁衍又促成了机器业的扩展，新设立的机器厂的经营者不仅在血缘上与陈氏有渊源，在管理方式上也承继了家族制的传统。由此甚至形成了广州早期机器业有被陈氏家族垄断的趋势。

2. 合伙企业

恒丰纱厂是在聂家掌握下从独资走向合伙制的企业。[39]组织形式的改变并没能挽救其停产的命运。在诸多导致企业停产的原因中,由家族成员内部矛盾造成的管理不善乃是一重要因素。

恒丰纱厂是由我国最早的纺织厂之一华新纺织新局演化而来。1909年,聂家以317500两的高价标买华新,改名为恒丰纱厂,由聂氏独家经营。

聂缉规有一妻两妾,共生八子四女。聂家接办恒丰时,由三房聂云台总管全局,后来各房为监督起见,派四房聂管臣为恒丰协理。聂管臣入厂伊始就与聂云台不和。随着矛盾加深,聂云台益不见信于整个家族,而聂管臣也未必能使全家信服。于是1918年聂家决定对恒丰析产,由原来的合家独资转变为家族内部的合伙经营。除聂管臣不愿入恒丰外,各房均得一等额股份。

恒丰纱厂的析产本是家族成员互不信任,在管理上相互掣肘的结果。析产以后,各房都拥有了企业的产权股份,为了维护自身利益,他们都想对企业的经营管理加以干涉。因此,家族内部的矛盾不仅没能消除,相互之间的猜忌反而更深。聂云台虽仍被推为总理,但同时又推举聂潞生为协理,仍负监督之责。只不过在析产之后的几年里,聂云台已集中精力筹建大中华纱厂,各房之间的矛盾暂时得以缓和。

数年之后,大中华纱厂因经营不善失败,聂云台又指望回恒丰重掌大权。然而此时聂潞生羽翼已丰,自然不会让聂云台有机可乘之机。但是为了限制聂潞生的权力,聂氏家族又把聂管臣抬出来做恒丰厂长。

恒丰纱厂自被聂家经管以来,几乎从未摆脱过家族内部斗争的漩涡。在合伙经营期间,各房为了培植私人势力在企业中都有一班人马,使企业各部门人浮于事,开支浩大。1930 年以后营业再无起色,终于在 1935 年秋季宣告停业。

3. 无限公司

荣家集团是旧中国最大的民营工业资本集团。[40]在创业过程中它采用的是无限公司形式。在如此规模的企业集团中,其经营管理仍然未能摆脱家族制的影响。

荣氏兄弟是由钱庄商人起家的工业资本家。1914 年荣德生任振新纱厂经理时。多数股东希望多分股息红利。这与荣氏兄弟多投资赚大钱的志向大异其趣。1915 年,因对股红分配意见不同,企业股东竟决定撤销荣德生的经理职务。荣氏兄弟愤于有限公司的掣肘,决定在另谋发展时不采用有限公司形式,而用无限公司组织企业,以求大投独揽,有利于贯彻自己的意图。

根据无限公司组织条例,股东非经其他股东之全体同意,不得以自己股份之全部或一部转让他人。这一规定特别有利于荣氏兄弟实行兼并。1917 年荣氏兄弟已拥有福新系统资本额的 60% ;1922 年拥有新系统股份的 63.3%。荣氏兄弟已经取得了集团的绝对控制权。[41]

股权集中,有利于荣氏兄弟直接操纵集团的经营管理。各公司的一切事务均以荣宗敬的意志为转移。荣氏兄弟即掌大权,在任用企业的经营管理人员时,明显地表现出对家族人员的偏好。

荣氏兄弟的家庭成员在企业中担任的职务:[42]

　　　　荣宗敬一家:(仅录与荣家企业有关者)
　　　　长子荣鸿元:申新总公司总经理
　　　　次子荣鸿三:申新总公司副总经理,申新七厂厂长

三子荣鸿庆:申新一厂协理

三女荣卓霭:婿王云程(福新公司经理王禹卿侄),
申新一厂经理

荣德生一家:

次子荣尔仁:申新二、五厂经理

三子荣一心:申新三厂经理

四子荣毅仁:茂新面粉公司总经理

五子荣研仁:天元实业公司经理

六子荣纪仁:茂新一厂经理

大女荣慕蕴:婿李国伟"申四福五"总负责人

四女荣卓亚:婿李启耀申新七厂厂长,申新四厂副
经理

五女荣茂仪:婿唐熊源申新三厂协理

八女荣濑珍:婿胡汝禧天元实业公司任职

　　除荣家家庭成员在企业中担任要职外,荣氏兄弟还任用很多族人、亲戚、老友、同乡经管企业。1928年时,荣家各企业职员中,同乡比重已达64.5%,荣姓者也有117人,占12.2%。荣家的亲族成员已足够在企业中构成管理网络了。

　　4. 有限公司

　　股份有限公司是企业组织的成熟形式。在中国,即使股份有限公司中也难以避免家族制的痕迹。郭氏兄弟经营的永安纺织印染公司,可以作为有限公司家族制管理的代表。

　　永安纺织印染公司的创办人郭乐、郭顺兄弟是在澳洲经商多年的华侨,在投资工业领域时,他们采用国际普遍流行的股份有限

公司形式。在 600 万元的股份中,郭家嫡系亲属拥有 153500 元,仅占股份总额 2.56%,加上永安兄弟联号的投资也不过占股本总额的 22.01%。即使如此,郭家仍然能够牢牢地控制着永安纺织。细究其因有两个方面:一是永安纺织所募股金大部分是海外华侨的散股,郭家资本虽不多,但加上由其控制的行号投资已占据了绝对优势,这就为其在管理中任用家族人员提供了可能。其二,郭氏家族成员在企业中掌握着绝对权力。1922 年,永安纱厂正式开业,6 月 26 日选出的 15 个董事中有郭氏兄弟叔侄 7 人。受其支配的亲信 7 人,可见郭家在永安纱厂中势力之大。

由以上几个比较典型的企业可以看出,不同组织形式的企业都具有家族制管理的特点。中国近代工业企业中家族制管理是比较普遍的现象。那么为什么家族制管理会如此普遍的存在呢?

(二)家族制管理普遍存在的原因

家族制管理的普遍存在,对企业家来说存在主观和客观方面的原因。从主观上来说,是由于企业经营者受传统意识的潜移默化,家族意识已深入骨髓,他们愿意,甚至在不知不觉中走上了家族制管理的道路;从客观上来说,是当时社会经济环境的巨大压力,迫使他们把任用家族成员进行企业管理当成一种保护自身利益的手段。

近代企业家受中国传统文化影响,从主观上有采用家族制管理的愿望。中国文化博大精深,源远流长。长久以来形成的传统意识制约着人们的行为规范,近代企业家亦不能例外。传统家族观念的影响随时都体现在他们的管理决策中,其中传统观念影响较大的有以下几个方面:

一是光宗耀祖,闻达于世是企业家追逐的重要目标,而在企业中使用家族成员则成为达到这一目的的捷径。

中国社会向来划分为士农工商四个阶层,由于"工商"居于末位,受传统思想熏染很深的企业家所追求的不仅是个人财富的积累,而且还注重提高整个家庭在社会中的声望。从家族内部来看,家族成员有着血缘上的联系。他们之间的关系远较外人亲密。家族内部的团结互助,和睦友善对保证全体成员的生存和提高社会声望有重大意义。作为家族的个别成员,一荣俱荣、一损俱损的观念早已在潜移默化中固着在思想深处。因此一旦条件允许,这种潜在意识便转化为实际行动。

对于近代企业家来说,当他们受惠于新式企业,有可能为他人提供获取利益的机会时,首先考虑到他们的亲族人员也就不足为怪了。对家庭人员的任用,在城乡分化日益扩大、农村经济日渐衰落、农民难得温饱的情况下,不仅使本族人员在城市中获得就业机会而提高家庭声望,达到光宗耀祖的目的;同时也扩大了企业知名度,对企业本身也不无裨益。有些企业不仅管理人员使用亲族同乡,而且工人也大都是从家乡招收。如恒丰纱厂,"高级职员都是湖南人,连工人也大部是湘籍的。恒丰曾办过几期训练班,虽公开报考,而事实上只有湖南人、聂氏的邻居和亲戚才有考上的可能。恒丰所培养的或使用的工程师,几乎清一色是湘籍人"。[43]

二是"不孝有三,无后为大"是传统社会公认的信条,多子多福则成为富足兴旺的代名词。传统的大家族观念为家族制管理提供了人力条件。

在传统的大家族中,妻妾二、三房,子女十余人不足为奇。虽然细究起来其身份有长幼尊卑之别,但若论起家族关系,则又强调同宗同族、骨肉相连,并无轩轾。众多的家族成员成为企业管理人员的储备力量。在家族观念严重的企业里,几乎所有的重要职位都由家族成员所占据。甚至还可以因人设事、支领干薪。"例如，有这样一个公司，它的资本分为二十五股，由母亲兄弟姐妹所分有，这些人或是经理、协理，或管业务、财务，都拿高薪，而且在原料和产品进出上都拿佣金"。[44]

三是家族内部关系的传统观念对家族制管理的存在也有不可忽视的作用。

在家族内部，讲究的是父慈子孝，兄弟义悌等要求相互尊重、互相帮助的观念。这就决定了企业经营者在人员的任用上首先要选择自己的亲族。否则便会被指斥为忘恩负义，甚至为乡人所不齿。相反，如果重用了家人，则会在邻里乡间传为美谈。在人力物力方面都会受到整个家族、乡里的支持。也即因此，在有些企业中尽管家族成员对企业管理一无所知，也会成为高级职员。

从企业家生存的客观环境看，中国近代社会经济复杂多变，缺少充分制度保障的环境逼迫是促使企业家采行家族制管理的客观因素。家族制管理成为在制度欠缺环境中，企业家采用非制度因素对企业利益进行保护的基本手段，这才是家族制长期存在的根本原因。

旧中国从来没有实现过真正的统一，地方政权各自为政的现象随时都有，利用政治斗争侵夺企业权益的行为俯拾皆是。不仅如此，中国向来就不是一个法制社会，虽然随着经济的发展政府也制定了一些维护企业利益的政策法规，但这些法规在执行中受到诸多人为因素的干扰，甚至根本难以执行。为保证自身的利益，企业经营者宁愿任用自己的家人，尽量避免因人员背叛利益受损时与政府部门打交道。因此在很难获得国家法规的保护时，企业家只有使用亲族关系对企业的高级职员进行约束，利用非经济关系来维护企业利益。

一般说来,民营企业大多是规模小,资金少,技术设备落后的小型企业。尤其是当企业初办时,所需资金、劳动力更少,往往集一家之力即能完成生产经营活动。当企业扩展以后,家庭成员因对生产经营的各环节已非常熟悉,他们顺理成章地成为各部门的主管人员。况且企业初创时,面临着种种艰难险阻,也只有关系亲密的人员才能相互信任、和衷共济,承担创业风险。企业经营成功本身就是这些家族人员共同努力的结果,他们获得高层职位事实上也是对其艰苦劳动的报偿。然而,值得指出的是,这些人只是家族成员进入企业的一部分,他们虽不同于那些不干活拿干薪者,但却具有更大的潜在危险性。当企业初创,家族成员共同奋斗时,他们无疑是挑大梁的中坚力量,但是,一旦家族内部矛盾产生,由于他们各自手中都在创业时积蓄的人力物力,很快就会变成导致企业斗争分裂的主要力量。

综上所述,中国的企业家采用家族制管理,不仅有其对经济利益的考虑,而且还要顾及到许多非经济因素。他们既要保证对企业能够很好地经营管理,又要任用家庭成员邀取社会舆论的赞赏,还随时注意把自己的行为尽量限定在传统观念允许的范围之内。这与西方较为单纯的对经济利益的追逐颇为不同。对企业家过多的观念束缚,使他们耗费了大量的时间精力来处理与企业发展毫无关联的事情。这就使企业得不到应有的发展,从而造成整个社会经济的滞后。

(三)对家族制管理的评说

民营企业家族制管理的普遍性说明它具有广泛的社会基础。近年来,随着对企业经营管理研究的深入,人们对家族制管理也日益重视。港台的学者已经有了很多研究成果。[45]但是令人遗憾的是他们的研究大都把着眼点放在了当代港台现代企业家族制管理的现象说明上；在对家族制管理评价时也大都认定它是企业现代化的障碍。这些结论以港台现在的经济背景来看也不无道理。但对家族制管理的一味否定，却也显示出研究者的偏颇之处。我们尤其不能将其结论照套大陆经济状况，更不能据此对近代企业中的家族制管理妄下结论。事实上，家庭制管理在特定的经济环境下对企业的发展有着相当大的推动作用，不承认这一点，不仅很难解释家族制管理在近代企业中的普遍存在，更难说明改革开放以后，私营企业中家族制复苏的原因。当然，作为传统意识的产物，家族制管理在当今管理科学飞速发展的情况下，毕竟已落后于时代，它本身的许多弊端已经使它在现代化大企业中无法存在。但是，在经济发展不成熟时，它仍将是企业管理中的普遍现象。为了更好地认识家族制管理的利弊，对几个主要问题作个评说。

关于用人问题。民营企业家任用家族成员，可以把家庭内部相互帮助、和衷共济的亲密关系泛化到企业之中，从而获得整个家族团结奋斗、共谋企业发展的效果。尤其当企业面临困境时，家族成员往往能够不计个人利益得失，不遗余力地共同支持企业，把维护企业的存在当成自己应尽的义务。不仅如此，在企业管理中，由于家族利益的一致性较强，在进行发展决策时很容易取得共识，减少不同意见之间的摩擦。而且最重要的一点，是家庭的共同利益和道德观念使家族成员在工作中无需监督，他们会自觉自愿地努力工作，为整个家族，也为自己的利益声誉而尽力。

然而，依靠家族成员管理企业毕竟减少了利用社会人才的机会，限制了人才使用范围。众所周知，企业初创时，企业管理的任务主要是对生产经营的监督。随着企业规模的扩大，专业化管理的重要性也日益突出，需要熟悉社会化大生产、通晓科学管理的专门人才主治其事。有些具有远见的企业家已经认识到这一问题，如刘鸿生曾指出："在中国，缺乏经营管理能力，以及缺乏训练有素的人才，成为企业经营失败的主要原因之一。"不幸的是，众多的民营企业家还限于当时的社会条件，跳不出家族管理的旧框架。尽管社会上有许多具有管理才干的专门人才，他们要么得不到重用，要么就必须进入企业家的亲族范围才能发挥自己的才能。企业家招贤纳士的主要方式就是联姻。前文提到的荣家众女婿中，他们或者原来就是实业巨子之后，或者是具有卓越才干的管理人才。但是企业家的子女毕竟有限，用这种方式延揽重用的人才也就屈指可数。

关于家族与企业的关系问题。家族成员内部关系在一定程度上决定着企业经营的成败。整个家族团结一致时，企业就兴旺发达，这往往是在企业的初创和上升时期；家族成员之间矛盾激化时，企业也就开始衰落，这往往发生在第一代创业者辞世，第二代经营企业时。

尽管家族成员在总体上与企业目标有着一致性，但作为个别的经济人，他们又有各自不同的利益取向。他们对不同利益目标的追逐往往是家族矛盾形成的基础。家族内部的矛盾常常是隐蔽的，当它一旦公开化时大多已不可挽回，严重者往往造成企业分裂，甚至易手。南洋兄弟烟草公司就是因兄弟失和而被官僚资本吞并的。

家族制管理最为严重的缺点就是把家族关系泛化为企业关系。家族的家长就是企业的绝对权威，他们在创业过程中树立起的威望使他们具有决定一切大小事务的权力。如荣宗敬、简照南、郭乐都是此类人物。在绝对权威的支配下，家族成员的工作配合协调有序。然而，当这个权威一旦辞世，整个家族便群龙无首，各种矛盾立即表面化,争斗的结果往往是兄弟析产、分家。就经济关系来看,这与封建时代的地主家庭并无二致。所惜者,现代企业的分裂造成的损失尤重。

把家族关系转变为企业关系的另一恶果是家族与企业的财产产权关系界限不清。家族人员把企业资本当作自家的私产,对企业资金随意支用。把企业的流动资金用来投机者不乏其人,当投机成功时,盈余便成为个人收益;投机失败时则算作企业亏损。更有甚者把企业资金挪用为赌资,一掷千金毫无吝色。家族成员对企业资本的滥用不仅使企业资本短缺,周转不灵,而且因挪用不均造成家族内部矛盾。

另外,把家族关系引进企业也就把家族中间原有的长幼尊卑变成了企业的上下级关系。有能力,有知识的年青人往往职位较低。很难发挥作用;而年长者虽对企业管理务之甚少,却可以尸居高位指手划脚,以尊卑不以能力取人的结果必然是企业的衰落。

综上所述,企业的家族制管理虽然有一定的优越性,在企业发展的一定阶段还有巨大的推动作用,但是,作为一种适应于小生产结构的管理方式,它毕竟已落伍于时代,尤其是相对于规模较大的企业集团来说更是如此。

为了寻求一种适合于我国企业管理的道路,近代企业家们付出了巨大努力,尽量减少家族制管理带来的局限性。为了减少家族制管理造成的选才范围小的损失,他们积极培养第二代,把他们送往国外留学,学习先进的科学技术和管理经验,为企业储备人才。社会经济的发展也为克服家族制管理的弊端提供了条件。如企业组织形式的制度化,使个人作用受到限制;财务制度的建立健全,减少了企业资金被挪用的可能。总之,家族制管理的弊端有一个逐渐减少的过程。

注　释

1　洪维清:《张謇办实业概括》,《工商史料》第 2 辑,北京:文史资料出版社,1981 年,第 11 页。

2　3　《大生系统企业史》编写组:《大生系统企业史》,南京:江苏古籍出版社,第 19—20、97 页。

4　盛斌:《周学熙资本集团的垄断倾向》,《历史研究》,1986 年 4 期。原文没有指出这是哪一年的资本额。

5　6　8　天津市政协文史资料研究委员会编:《天津文史资料》第 1 辑,天津:天津人民出版社,1978 年,第 12、67、23 页。

7　周淑贞:《周止庵先生别传》,第 172 页。

9　33　中国人民政治协商会议全国委员会文史资料研究委员会:《工商经济史料丛刊》第 1 辑,北京:文史资料出版社,1983 年,第 30、31 页。

10　《启新洋灰公司史料》,第 174 页。

11　12　13　27　29　32　35　上海社会科学院经济研究所编:《荣家企业史料》(上)上海:上海人民出版社,1962 年,第 549—550、157、74、222、584、569—575 页。

14　15　中国科学院上海经济研究所:《南洋兄弟烟草公司史料》,上海:上海人民出版社,1960 年,第 164、289、296、305 页。

16　36　《裕大华纺织资本集团史料》编写组:《裕大华纺织资本集团史料》,武汉:湖北人民出版社,1984 年,第 243、180 页。

17　31　刘念智:《实业家刘鸿生传略》,北京:文史资料出版社,1982 年,第 37、61 页。

18　上海社会科学院经济研究所编:《刘鸿生企业史料》(上),上海:上海人民出版社,1981 年,第 286—291 页。

19　20　上海社会科学院经济研究所编:《刘鸿生企业史料》(中),上海:上海人民出版社,1981 年,第 17—18、23 页。

21　张謇:《张季子九录·专录》卷 8。

22　24　赵靖等:《中国近代民族实业家的经营管理思想》,昆明:云南人民出版社,1988 年,第 265、127 页。

23　穆藕初:《藕初五十自述》,第 83 页。参见《上海滩与上海人丛书》,上海:上海社会科学院出版社,1988 年。

25　张謇:《张季子九录.教育录》卷6。

26　杨俊科等:《大兴纱厂史稿》,北京:中国展望出版社,1990年,第11页。

28　向外资企业学习是中国民营企业家非常重视的一种改进技术和管理的方式,可以说绝大部分企业家都到国外或外资在华企业考察学习过。大成纺织染公司总经理刘国钧可算是这方面的典型。1930年,大成纺织染公司刚刚成立,因浆纱质量不能过关,他便亲自扮成小工,由工人帮助,混入英商怡和纺织厂实地操作,学习浆纱技术,未料遭工头发现,几遭毒打。大成公司羽翼丰满以后,刘国钧更加注重引进国外先进技术和管理方法,三次东渡日本,并至欧美考察。尽管在国外考察期间屡遭拒绝,饱尝闭门羹,但毫不为之所动,将其考察结果不断用于工厂改进。不仅如此,他还注重对市场上的外货进行分析,并采取相应对策增加产品竞争力。大成纱厂从一个40万元的单个企业发展成拥有四个纱厂,具有纺、织、染一体化的集团公司。(参见《文史资料选辑》第31辑,文史资料出版社,1980年,第210—221页。)

30　朱邦兴等:《上海产业与上海职工》,上海:上海人民出版社,1984年,第714页。

37　Weillington. K. K. Chen从资本来源角度对企业管理方式进行阐述,认为无论资本来源如何,企业组织形式如何,企业经营管理方式中都存在着浓厚的传统因素。参见其著:《Sources of Capital for Modern Industrial Enterprises in Late Ching China》,见《第二次中国经济史会议》(三),台湾中央研究院经济研究所,1989年,第971页。

38　陈联泰机器厂的情况可参见《广州文史资料》第20、23辑。

39　恒丰纱厂的情况可参见,中国社科院、上海经济研究所编:《恒丰纱厂的发生发展与改造》上海:上海人民出版社,1959年。

40　本小节中荣家企业的情况,除文中注明外,皆可参见《荣家企业史料》,上海:上海人民出版社,1962年。

41　许维雍、黄汉民:《荣家企业发展史》,北京:人民出版社,1985年,第33页。

42　谢百三:《荣氏财团的一个重要战略思想》,《贵州财经学院学报》,1986年,第3期。

43　上海经济研究所等编:《恒丰纱厂的发生发展与改造》,上海:上海人民出版社,1959年,第34页。

44　吴承明:《中国资本主义与国内市场》,北京:中国社会科学出版社,1983年,第77页。

45　港台学者的研究成果可参阅陈其南、陈明璋、黄光国、杨懋春等先生的论著。

第四章

企业集团的原料供应和产品销售

一、近代中国的工业品市场的发展变化

（一）近代国内市场的基本情况

企业原料的购买和产品的销售已经越过了工厂的围墙，进入了流通领域。要弄清企业在流通领域里的活动，首先要对中国的市场环境作一必要的概括，对从外部决定企业活动方式和范围的因素作一考察。

近代中国工业品的供销市场是由工业产业结构决定的。从近代工业发展进程来看，它的产生和发展方向主要是以轻工业为主的进口替代工业和出口加工工业。众所周知，鸦片战争后，外国棉纱和棉布输入中国的数量，先期虽然缓慢，但19世纪80年代以后则处于直线上升趋势。大量输入的棉纺织品大部分是通过中国传统商业网络，少部分通过洋行的直接推销进入中国市场。所到之处对传统的家庭棉纺织业产生了毁灭性的打击，把农民从耕织结合的结构中硬拉出来抛向了市场，在一定程度上起到了为民营纺

织工业开辟市场的作用。中国民营纺织工业的产生和发展对外国输华棉纺织品有着愈来愈大的替代作用,但其推销渠道依然是传统的商业网络。[1]当然作为本国经营的企业,他们的推销方式由于可以利用熟悉的地缘关系和商业习惯而更为有效,加快了国货对洋货的替代。

民营企业和外资在华企业在二、三十年代基本上替代了进口棉纺织品。另一项重要产品,机制面粉在进口替代过程中与棉纺织品有极其类似的发展过程。纸烟则由于外资在华企业的资力雄厚,替代进口的主要力量是外资在华企业,民营卷烟业只占相当少的份额。

出口加工是民营企业的另一类型。对国外需要的原料性产品,在国内也要经过初级加工之后出口,这类产品的大宗是茶叶、桐油、生丝、猪鬃、黄豆、花生仁等农副产品,不过本文考察的企业集团中经营此类产品的不多,也就舍而不论了。

民营企业的生产原料主要是农副产品。但是农副产品的供给对象并不仅仅是国内民营企业,外国资本主义在对华输入机器制品的同时,又对我国的各种工业原料进行掠夺。仍以棉花为例,19世纪之前英、美是向华输出棉纺织品的大国,本来应该有大量的棉花需求,但英国有印度、美国的供应,美国棉花自足有余,所以中国的棉花出口并不太多。19世纪初日本的棉纺织业崛起,中国棉花开始大量向日本输出,以后虽然日本采用美印棉的三花纺法,减少了华棉进口的比例,但对华棉出口来说,对日输出仍占80%以上。

输日棉花量(1904～1930)年平均数　　单位:千担

年份	棉花输出量	输日量	百分比
1904～1905	1009	944	93.5
1906～1910	851	804	94.4
1911～1915	762	596	78.2
1916～1920	885	740	83.6
1921～1925	861	730	84.7
1926～1930	1041	888	85.3

资料来源:方显廷《中国之棉纺织业》(表二);王子建《日本之棉纺织工业》,附表10。[2]

日本用华棉加工成棉纱棉布输出到中国,19世纪20年代,日、美两国输往中国的棉纱棉布已经超过了英国。

外国从中国掠夺原料的方式起初是派买办到内地收购,以后又勾结内地华商到各地搜求,通过传统的商业网络向通商口岸集中,由此也形成了一定的输出体系。有关洋行的收购方式在第二章已经有详细考察,这里不再重述。中国近代民营企业建立以后,在原料的收购方式上利用了外国在华掠夺原料的渠道。当然作为本国企业,它们在原料收购上方式更为灵活。华商企业的原料产地还是依赖于中国农村。因此无论是民营企业的产品推销还是生产原料的采购,农村的经济状况起着很大作用。这也是由中国半封建半殖民地社会性质所决定的。

　　(二)近代基础设施建设促进了市场发育,市场容量扩大,交易效率提高,为民营工业的产品销售和原料采购提供了较为成熟的市场条件

　　1、交通运输业的发展拓展了市场范围。

　　商品流通的数额在很大程度上取决于流通领域的运输能力和运输效率。近代以来,中国的运输手段也经历了一个近代化过程,机动运输方式不断增多,轮船、汽车、火车运输在运输总量的比重不断加大,而运费则不断下降,运输效率逐渐提高,同时运输的里程不断增长,运输范围也快速扩大。

　　先看水路运输。轮船代替帆船在运输效率上有很大提高。据统计,1933 年内地轮船的每吨所得为 102 元左右,而帆船为 500元上下。如果将每吨所得作为货主运输成本,那么,轮船显然比帆船节约 4 倍。如果假定 1933 年全国的水路运输由帆船运输,那么货主要多付出 5.4 亿元的运输费用;而假定全国所有的货物都由轮船运输,则可为货主节省 3.9 亿元的运输费用。[3]

　　其次是铁路运输。20 年代,中国铁路运费的价格应为 0.015元每吨/公里左右。[4]1933 年,全国的铁路货运量为 477,095 万吨公里,铁路运输总收入为 368,835,683 元,铁路运价已上涨为 0.07元每吨公里。按照上揭阿瑟·扬格书中(第 351 页)的说法,人畜力搬运要比铁路高出 10 倍,人力肩挑背驮成本要高 20 倍。如果将铁路运量由人力搬运的话,会多花 10 倍的运输费用,或者说,铁路运输节省了 33.1 亿元的运输费用。

　　轮船和铁路在 30 年代已经成为国内的主要运输方式。近代化的运输方式的发展,其意义不仅仅在于运费的节省,更主要的是运输速度的提高,增强了企业进行经营决策的准确性。

2、邮政传递和通讯的发展加快信息传递和物资流转,节约交易费用,提高市场效率。

近代以前,中国的书信传递,官书靠政府办的邮驿,民间书信靠民信局和专为华侨代办书信业务的侨批局投递。鸦片战争以后,帝国主义也在中国建立了自己的邮政系统,称之为"客邮"。随着社会经济的发展,交通方式和通讯手段都有很大改变,以外国邮政为蓝本的"客邮"在帝国主义在华势力的支持下逐渐扩大了势力范围并最终在 1896 年把持了中国的邮政。[5]

邮政官局的设立使民间通信有了固定的渠道,业务量迅速增大,1904 年交寄信函 6500 多万件,包裹 770 多万件,汇寄银票 50多万两。但是由于收费低廉,邮政局经营状况则入不抵支,1904年亏短 31 万多两,[6]但由通信方便流传的信息量却大大增加了。

电报、电话的引入更加方便了信息传递。1882 年,李鸿章从军事需要出发在天津设立了电报总局。电报局的开设大大节省了信息传递成本。原来依靠驿马传送的最紧急公文也不过八百里加急。而电报则使各种信息瞬息即至,大大方便了商人需要,因此商务电报局迅速增加。电话具有比电报的更大优势,一经引入也被商人广泛运用。1933 年,全国共有有线电报 942 局,无线电报 95局,市内电话(交换局)168 个,长途电话所 616 个,全国各地的主要城市都有了电讯联系。1933 年,全国的电讯收入为 43,601,891 元。[7]

新式通讯、交通方式的使用活络了市场,增大了市场容量。同时企业与市场的距离也大大缩短,交易费用大大节约。通讯运输的便利给企业提供了扩大生产规模的可能性。铁路、轮船的廉价运输使企业有可能在原料产地或产品销售地设立自己的销售机构,而不必借助于商业渠道;而通讯的便利可以使企业集团将其生产单位设在最有利可图的地区,只需使用电报、电话即可互通行情进行管理。

(三)区域经济发展的不平衡为工业企业推销产品提供了潜在的市场需求

受外国侵略的影响,中国的近代经济发展首先在沿海、沿江一带大城市兴起,然后由东向西顺次发展,构成了自东向西区域间经济发展程度不平衡的态势。近代工业企业绝大多数设立在通商口岸的大城市里,本文所选企业集团只有个别的工厂设置在内地。如张謇虽然以南通为基地却以上海为依托,处在发达区域经济之内。因此从总体上看工业产品是由经济发达地区向农村流动,而原料则由农村向发达地区流动。在这种双向流动中,中国的商人资本和高利贷资本插手期间,一方面分润于工业资本家,另一方面对农民进行盘剥。据吴承明先生计算,从上海批发一匹布到重庆已经加价36%,到桂林加价45.49%,到贵阳则已加价72.7%。[8]工业品的加价出售和原料的压价收买,使农民受到了双重剥削,其直接结果就是农村经济的衰退,从经济条件来看,近代中国农民收入并没有显著增长,市场总需求变化不是很大,而且随着农村经济的凋敝,有些地区的购买力还在缩减。中国工业品的市场主要是广大的农村,据统计,中国的人均国民所得不过20美元,而内地农村更是远远低于这一数字。市场总需求不足加剧着产品销售的竞争。

但是民营工业的产品大多数是家庭生活的必需品,需求刚性比较大。因为人口规模较大所以也维持了市场总量的规模。在区域经济不发达地区,自然经济的小生产方式生产的产品由于成本过高无法与大城市机器生产的产品竞争,不断被近代工业产品排挤,可以说,近代民营工业企业的产品市场很大一部分是挤占传统产品市场得到的。由于来之不易所以竞争就更加激烈。为了减少商人和高利贷者对利润的分割,工业企业家千方百计地减少流通环节,设计出种种有效的采购推销渠道,直接向消费者推销产品。

(四)民营工业企业通过挤占传统商业渠道和国外在华产品销售打开了供销市场

洋货输入的不断增加一方面击垮了传统的小农经济顽强的经济结构的抵抗,同时又造成了农村经济的凋敝,形成了一个残破的国内市场。

从原料供给方面来看,美国的农产品在 20 年代已经输入中国,并且在中国民营工业的原料比例中占有越来越大比例。尤其是 30 年代以后,由于国民党举办的棉麦借款更使大量的美国棉麦拥入中国市场,致使中国的农产品价格已经不受本国年成丰歉的影响,而直接受国际市场价格的操纵。例如 1920 年,中国纱厂使用的进口棉花约占 20% ,1930 年已占 35%。[9] 洋麦在中国粉厂的比率自 20 年代以后也很大,从上海各厂历年使用洋麦数量表中看,1920~1936 年,洋麦占 44.8%,[10] 洋麦进口的多少已经直接影响了上海粉厂的开工率。华成烟厂是民营企业中仅次于南洋的卷烟企业,在民营卷烟企业中有一定的代表意义,1930 年到 1936 年使用购买美烟的贷款超过购买烟草的 80%。[11]

民营企业使用外国原料的比重加大并不意味着中国原料供应方面存在缺口,中国的工业发展与农业原料的供应保持着低水平的平衡。但是由于外国的农业生产率高于中国的小农经济,农产品价格比国产农产品低,质量比国内农产品高,物美价廉的洋货使我国农产品丧失了部分国内市场。从总体上看。我国的农产品的剩余量并不多,长期以来人口的持续增长使农村能够提供的商品作物相对减少,在大多数情况下,农民是减少了自己的生活需要,从本来并不丰富的农产品中拿出一部分到市场上换取其他生活必需品。也就是说,农民供应市场的农产品是他们维持本身简单生产的必要条件,他们出卖一部分农产品只是用来调剂最基本的生活需要。但是农产品经过压价以后,农民所得根本抵不上产品价值。

工业品的销售则是另一种情况,农民们购买的工业品大都是维持生活的最简单的生活用品和生产工具。他们用来购买工业品的资金是通过出卖农产品获得的,在购买工业品时,由于商人和高利贷者的中间加价,使他们要付出比商品实际价值高出一半的货币。工农业产品的不等价交换体现在农民的买卖过程中,农民成了工农业产品价格剪刀差的最大受害者。外国产品的输入更加剧了这一结果。在国际市场价格的影响下,农产品的价格被压得更低,中国农民需要付出更多的农产品才能获得等值的货币。虽然外国工业品的倾销也使工业品价格下降很快,但其速度尚未赶上农产品,工农业产品价格剪刀差更加扩大了。

社会经济各个部门的发展是相互影响,相互作用的,中国近代工业的发展必然依托社会经济的整体演进。没有交通运输、邮电、通讯的基础设施建设带来的便利,近代工业在产品推销、原料采集上都会受到很大限制,或者说,工业就没有发展的外部环境。区域经济不平衡和外国产品的输入既打开了中国的工业品市场,也加速了中国农民的贫困化,虽然随着自然经济被侵蚀市场规模在扩大,但是由于单个家庭收入下降,购买力在缩小,市场不断被弱化,因此民营工业企业的面对的是一个残破的不完整的市场,也就注定了企业不可能健康顺利地发展。

二、企业集团的原料供应和产品销售的体系的建立和发展

民营工业企业集团是民营企业中实力最为雄厚的部分。在我们选取的研究对象中,资本最少的也在 1000 万元以上。巨大的生产规模要求它们对原料收购和产品推销投入更多的人力、物力。传统的适应于小生产方式的供销渠道已经难以满足企业集团大规模生产的需要,而且在流通领域中商人、高利贷者对工业资本家的利润分割过大,也使企业集团力求避开众多的流通环节。因此企业集团往往依靠自己雄厚的资力设立自有的供销渠道,既保证了原料的及时供应和产品销售,又避免了商人、高利贷者的盘剥,而且能够依据市场的变化情况,随时对生产进行调节,所以建立自有的流通体系是企业集团发展的自发要求。这里必须指出,也只有企业集团才有如此雄厚的实力,当原料供应和产品销售形成一定规模时才有设立自有的供销渠道的必要和可能。

事实上,企业在原料产地和产品销地设立分庄,其最终目的是降低交易费用,减少企业成本。根据罗纳德·科斯的研究,一般说来,在市场经济条件下,交易费用包括三个方面,即信息搜寻、谈判签约及监督契约实施所需要的费用。交易费用的高低受很多因素的影响,诸如市场的发达程度,社会法规制度的严密程度,经济发达程度等都构成影响交易费用的外部条件。在近代中国,企业的外部经济条件异常恶劣。

首先,中国近代没有形成完整的市场体系。在以轻工业为主的工业结构中,企业的生产原料主要是农产品。而中国农产品绝大多数是在小农经济条件下生产出来的,而且大多数也是分散出售的,很少形成较大的农产品专业市场。少数几个在历史上形成的农产品市场有的已不复存在,有的受行牙市霸的把持,新兴近代

企业很难插足其间。

其次，由非经济因素造成的市场不确定性也使工业企业的销售费用增加。企业在确定生产品种、数量时，必须对市场容量作精细的调查和预测，但是干预市场体系的因素太多使预测变得异常困难，尤其是偶发性的突然事件如军阀混战、金融风潮等经常使市场调查和预测变得毫无意义。在这种情况下，企业的产品只能依靠增加销售费用来促销。

其三，社会经济法规、制度的不健全也增加了企业的交易成本。企业采购原料、推销产品是市场上进行的，市场是受社会经济制度的规范。中国近代的市场由于政治的不统一而一直处于分割状态，各地域的市场不仅受地方政治势力的影响而制定的不同市场制度，而且由于地区商业习惯不同形成的非正式制度的影响也很严重，再加上有些地方势力不顾法律的巧取豪夺，都使企业在采购原料和销售产品时遇到了极大的困难。

基于以上原因，民营工业企业为了减少采购及推销过程中的交易行为，或是将市场交易的一部分纳入到企业内部，即原料产地以及产品销售地设立分庄，由企业直接控制；或是委托一些当地的头面人物帮助企业收购原料推销售产品；付给他们一定报酬，以此来减少交易成本。

科斯认为，企业的产生就是生产者将交易行为内部化的结果，其基本动力就是节约交易费用。这一理论在中国民营企业中也得到了验证。中国近代民营企业的一些做法即是将交易行为内部化，从而达到了降低交易费用的效果。南洋兄弟烟草公司为更直接收购烟草，在山东潍坊设坊子收烟厂，1933年坊子收烟厂的烟叶收购价为头等烟每百磅35.20元，加上收烟烤烟、运输的费用共每百磅7.363元，合计为42.56元，而此时上海的国产烤烟市价为上等烟49.88元每百磅,两相比较,南洋每百磅烟叶节省7.22元。1933年坊子烤烟厂共烤烟叶2,251,900磅,南洋可由此节约20490.18元。[12]这笔款项应该看成由企业外部的采购部门为企业节约的交易费用,亦应是市场交易内部化的结果。

根据科斯的理论,市场交易内部化的结果将会使交易费用减少,但同时也会增加企业的管理费用。但是这种情况在民营工业集团所办的原料采购分庄中却很少出现,而且很多分庄在原料收购过程中还出现了除维持机构费用外的盈余。如申新系统的几个收花处每年都有盈余数千两。[13]非但没有增加企业管理费用,反而有盈余上交,其他企业的分庄亦有类似现象。细究其因,企业主既通过收购分庄将管理费用转嫁给农民,同时也由于交易对象的减少,节约了寻找、谈判费用,降低了企业成本。

产品的推销渠道则有所不同。在市场体系不健全的情况下,企业产品的销售比原料购买更为困难。虽然民营工业企业集团也采取了多种企业外推销方式,如设立分销机构、实行代理制等,也在一定程度上降低了交易费用,但对分销机构和代理商控制的企业管理费用却增加很快。工业企业在采购原料时能够剥削农民,而在产品销售时却受商人的剥削。按照中国传统的商业习惯,生产企业需待经销商将产品售完时,方能回收货款,近代企业也沿袭了这一习惯。由于近代工业采行机械化大生产,产品数量庞大,企业在流通领域中积压的资金量也颇为可观。不仅如此,当市场竞争激烈时,企业还必须一再提高销货押金和代理费,才能促进产品销售。由此可见,在企业外部环境恶劣的情况下,从货币到商品的过程相对容易,而商品到货币则尤为艰难。在这种情况下,企业在推销企业产品过程中,交易费用和管理费用同时增加。这种情况应该算做科斯交易成本理论的特例吧。尽管如此,民营工业企业

集团还是利用自己资金、规模的相对优势,想尽一切办法降低流通
领域的成本。

（一）民营工业企业集团的原料供给渠道

1. 在原料产地设立企业就地加工产品

从全国整个经济发展形势上来看,近代企业是从东边的沿海
沿江的大城市向内地的小城乡村扩散,尤其是在通商口岸城市设
立的企业竞争激烈时,企业家便希图在一些经济不发达地区寻找
立足之地。很多企业的设置考虑了这个因素。如荣家企业集团以
无锡为发祥地,然后扩展到上海,但是荣氏兄弟并没有拘泥于上海
一地,而是向全国其他大城市进行扩张。设立武汉的申四福五、济
南的茂四时都考虑到原料采购问题。裕大华集团的大兴厂在设厂
时,总经理徐荣廷决定在石家庄设厂,1933 年《大兴营业报告》就
说:"查本厂之设,所以舍武汉而趋石家庄,原是取之于内地棉花、
煤炭均可就地取材。"[14]

在原料产地设立企业的另一原因是企业家的个人偏好或独特
的便利条件使然。张謇在南通创立大生系统固然有对原料取给便
利的考虑,但主要原因是他想在家乡推行他的棉铁主义,建立南通
经济区域。"南通棉产优质、量多、价廉。……即与印度之上等棉
相比,毫无逊色,堪称冠绝亚洲"。[15]南通年产皮棉 180 余万担,日
本棉纺织厂在南通设庄收购,张謇认为,"通产之棉,为日厂所必
需,花往纱来,日盛一日,捐我之产以资人,人即用资于我之货以售
我,无异沥血肥虎而肉袒以继之"。[16]张謇在南通设厂使大生系统
获得了靠近原料产地的优势。在本区收花能够与大生抗衡的只有
资本雄厚的日商纱厂。在激烈的竞争中,大生就是依靠这种地利
战胜了日本纺织商获得了优质原料。[17]

　　周学熙集团中启新洋灰公司的起死回生显示了就地取材的重要性。启新洋灰公司的前身是唐山细绵土厂,它之所以将10万元资本亏赔净尽,主要原因就是其原料要从远在广东的香山县船运至唐山,大大增加了生产成本,周学熙将唐厂收回后即高薪聘请化验师德人昆德,验出唐山附近一带土石是制灰的上等原料,启新可以就地取材,不再受原料短缺的限制,因此大大节约了原料成本,使启新有了获利的基础。[18]

2. 在原料产地设立采购分庄

　　这是企业集团最常用的原料采购方式,虽然由于行业不同,分庄的形式也各有别,但分庄对企业的作用是相同的,即用最经济的方式保证企业原料的及时供应。

　　以面粉和棉纺织为主的荣氏集团,为了原料的及时获得,在相应的原料产地都设有麦庄和收花处。荣氏集团在各地开办的麦庄并不是独立核算单位。麦庄本身不计盈亏,一切开支和收麦资金都由总公司拨付,麦庄的行动也由上海的总公司麦务部操纵。麦庄在收麦中因其需求量大,所以只与当地的粮行打交道。在原料产地的收麦价格决定于实力雄厚者,荣氏麦庄在各地就有操纵价格的优势,由此可以降低原料成本,只不过相当一部分成本被转嫁到了农民头上。[19]

　　与在原料产地收购棉花的大生纱厂不同,裕大华集团在棉花产地设立裕兴联采处,收购原料。江汉章、徐治平在给董事长苏汰余的信中提出了设立联采处的大致设想。联采处的职员由总公司派人和在企业中选人担任,不足时方聘当地人。联采处的办货需款由总公司拨汇三厂,三厂需货由总公司转账,它是直辖于总公司的收棉机构,它只按三厂的需棉意旨,秉承总公司命令采办原料。联采处的设立使三厂的原料采购机构合而为一,节省了费用。而且联采处可以根据当地的棉花情况调整收购策略,用最少的经费满足生产最大的需要。

卷烟业的分庄与面粉、棉纺织业又有不同。

近代以前中国只有很少的烟草种植,且不用作制造卷烟。英美烟公司侵入我国以后,在全国各地进行了广泛的调查,引进美国烟种在适宜的地方进行种植。随后逐渐在安徽凤阳、山东潍坊、河南许昌形成了固定的烟草种植区。南洋在原料采购上也采行了与英美烟公司类似的方法:鼓励以上地区农民种植烟草,贷给种籽,肥料,保证收购。收购的方式是在产烟区设立分庄,南洋在山东坊子、河南许昌、安徽刘府都设有收烟厂。[20]南洋的收烟厂由总公司直接派员经营,开支也由总公司拨款。不过烟草收购之后继续加一道复烤手续。南洋的收烟厂还代人烤烟,收取代烤费用以维持收烟厂的开支。其实在烟草需求量大时,各收烟厂并不需要总公司投资维持,它们利用压级压价、洋厘角色、扣秤等手法所获收入不仅维持了收烟厂的日常开支,而且每年还有盈余。[21]

在原料产地设立分庄的方式减少了收购的中间环节,节约了交易费用,降低了生产成本。如裕大华在联采处设立以前,每担花至少要多付出 2 元,联采处设立后,棉花成本立即降低。裕大华历年的营业报告中,无不提及分庄收花带来的收益。[22]南洋在坊子设立的收烟厂,每百磅运至上海的运输费平均仅为 5 元,原料成本较前明显下降。不仅如此,在原料产地设立的分庄还能在质量、数量上及时保证生产需要,可以根据企业集团内部各厂的不同需求进行原料搭配,提高了原料的综合利用效益。[23]

3. 采用外国原料

民营企业企业集团采用外国原料,归结起来有三个方面的原因。

一是外国原料物美价廉。中国的工业大都是以农产品为原料的加工工业,尤其是棉纺织和面粉工业,在整个工业结构中占据着主导地位。原料供应价格、数量对工业生产起着决定性的作用。20世纪以后,中国市场已被纳入到国际市场体系之中,国内工业原料的市场价格不再由中国农业丰歉来决定,而是取决于世界原料产品的供应程度。然而,从中国的农业发展状况来看,由于人口的持续增长,农业生产仍然是以劳动密集型的集约化生产为主,不仅生产效率低下,而且能够提供的商品化产品也十分有限。而资本主义国家的农业,其发展速度虽然赶不上工业,但在20世纪以后已经逐步实行农业机械化,生产率大幅度提高,农产品产量大,价格低,商品率高。而且由于重视科学种田,农产品的质量也不断提高。在这些资本主义国家中,美国的农业尤为发达。20年代以后,美棉、美麦、美国烟草开始涌入我国,到30年代已经对我国的农产品市场有了很大的冲击。民营企业集团在市场上购买原料时考虑的是如何减低交易成本,获取更大利润而很少顾及原料的产地。1922年中国小麦歉收,洋麦大量涌入,"去年新麦登场之时,麦价高至三两四钱以上,面粉厂以成本大昂,曾停止购麦数日,后鉴于洋麦之较廉,因之工厂购洋麦,较往年尤多"。[24]

1923年1月~1924年6月福新购买的外麦

外麦国别	数量(千担)	价值(千两)
加拿大	2,152.24	8,135.37
美国	1,513.63	5,963.36
澳洲	1,586.06	5,895.29
合计	5,251.91	19,994.02

资料来源:根据申总厂所存账表资料编制。

棉花的进口量自 20 世纪以后也呈递增形势,而且 30 年代进口棉花已超过二百万担。沿海的棉纺织企业已经大量使用美棉。

棉花进出口量(1900～1936)(年平均)　　单位:千担

年份	进口	出口	差额
1901～1905	143	769	626
1906～1910	116	851	735
1911～1915	188	762	573
1916～1920	363	885	522
1921～1925	1621	861	-760
1926～1930	2409	1041	-1368
1931～1936	2247	535	-1712

资料来源:方显延《中国之棉纺织业》表 11;杨大金《现代中国实业志》1937 年第 59—63 页。

美国烟草也是华商企业购买的主要产品。经过多年试种,中国已经形成了几个烟草基地,但是由于气候条件不同,田间管理技术落后,加上引进的美国烟种的变异,使这几个烟草产地产品的质量仍然赶不上美国烟草。南洋兄弟烟草公司所进原料以"美货为大宗",而且世面上"流行烟枝,以美国烟叶为本,以国产烟叶调和之"。[25]南洋往往在美国烟叶价低时大量购进,1925 年曾决定买进 15000 桶,后虽受影响也购进 11000 诵,超过 1 年用烟量。[26]

二是某些特殊的原料,在国内难以生产,只好从国外购进。中国工业的发展受帝国主义侵略的影响,发展起来的大都是进口替代型和出口加工型的轻工业,而机器制造、仪器仪表、化工原料等行业则发展缓慢,使整个工业结构中行业配置极不合理,因此在一些轻工业的生产中,生产机器大多是从国外购买,甚至连原、辅料也不能完全自给,需要依赖外国进口。比较典型的行业是火柴业。1920年鸿生火柴厂创立时,机器设备如排板车、拆板车,大部分来自日本。原料则是分别从几个国家引进,如硫磺自日本输入,氯酸钾自德国输入,赤磷、黄磷等大多来自德国或瑞典,洋蜡系购自英美等国。[27]火柴是极为普通的生活用品,竟然需要从几个国家进口原料,可见我国工业发展落后之一斑。而且更令人失望的是这种情况居然长期延续。1929年,民营企业还在为进口的氯酸钾、硫磺等原料的征税问题和国民政府讨价、还价。[28]

三是政府的政策性引进造成的洋货大量涌入,给民营企业提供了使用外国原料的便利。1929年世界经济危机爆发,资本主义国家为了替它生产过剩的产品寻找市场便对殖民地半殖民地国家进行大肆倾销。1930年美国的棉麦大量涌入中国。尤其是国民政府在1933年同美国达成3500多万美元的"棉麦借款",其中五分之四购买美棉,其余购买小麦。这就为外国原料涌入中国大开方便之门。[29]当然作为一个政府,它是综合考虑整个的国民经济状况来制定政策的,1931年长江大水造成中下游数十县受淹,政府借美麦有其赈济灾区的考虑。如果不顾及这一点,一味指责国民政府是为了缓解美国经济危机而购进棉麦,则有失于偏颇。但是无论如何,美国棉麦的大量涌入对我国农产品市场具有强烈的冲击作用,这也是不容否定的客观事实。棉麦的大量入口对民营企业来说并非是坏事,就从荣氏集团来看。借助于进口棉麦的支持,在中国农产品歉收的情况下,申福新维持了正常的生产并获得了一定的利润。

　　从国外购进原料主要有两种方式：一是通过设立在中国的洋行向外国订购，民营企业采取这种方式的较多；一是在国外设立采购机构直接向外国原料商或农场主购买。如南洋在美国就设立了中美烟叶公司负责在美国采购烟叶。还有些原料是通过交易所来购买。从经济学的含义上看，交易所的重要职能是为产品的交换提供便利的场所，事实上交易则成了一个投机场所，企业集团往往通过交易所操纵供需主要是要获取投机利润，而并不把它作为购买原料的主要途径。

（二）产品的销售渠道

1. 企业设立在产品销售地，就地推销产品

　　中国近代经济发展不平衡的主要表现之一，是沿海地区的城市中近代工业远较内地和中小城市发达。尤其是上海，经过数十年的发展，集中了近代工业一半以上的工业产量，成为全国的经济中心。民营企业在上海设厂就是充分考虑了它的经济条件。作为全国经济中心，尤其是全国的主要通商口岸，近代工业所需的机器设备多由此进口，而且，它既是原料的集中地又是产品推销的主要市场，"上海一埠，于全国商务为总汇，于货物流行为先驱，凡新出品，勿论外货或国货，未有沪市不销，而能通销各地者"。[30] 虽然上海本地消费能力有限，但它是全国物资的集散地，各种原料产品都可以通过上海的供销渠道转运到各地，因此民营企业家也愿意到上海设厂。企业家对上海的偏好又加强了它作为商品集散地的作用，反过来又吸引更多的企业在此投资。从企业家的角度来说，他们只是希望产品尽快出手，并不需考虑它的最终消费者在什么地方。因此仅从产品销售的角度。企业家也愿意在上海，或在内地经济较为发达的地区设立企业。荣家集团的发祥地是无锡，当荣

氏兄弟希图另谋发展时便选中了上海这块宝地,在上海投资建立福新一厂以后,便一发不可收拾,在上海建购粉厂七座,并以此为依托向其他大城市扩展。

南洋兄弟烟草公司也是由香港发展到上海的。由于以上海为龙头的内地巨大市场的吸引,南洋先在上海设厂制烟,后又将总公司设在上海,而港厂则变成了分局。"南洋公司每新出一商标,愿以该总行所为推行发售之地"。[31]据统计,1925年以后,上海总公司所属部分的销货量已占一半以上,以后逐年增加,到1936年已达80%以上。即是上海本地的销量也很可观。1930年、1935年、1936年分别占总司总销量42.63%、52.4%、52.85%。[32]可见上海在南洋销售产品中的重要地位。

在内地设立的企业对产品的销售也非常重视。张謇在南通创立大生纺厂时,不仅看到南通是棉花产地,有大量优质原料供给,而且注意到南通的手织业将为大生纱厂提供巨大市场。大生纱厂创建时(1895年)通州纱庄每天销售的12支机纱,已达20件,差不多是1万元锭子纱厂的日产量。大生开车,即重点纺12支纱,销售的对象只是本地手工织户。正是依靠了土产土销的方针,大生纱厂在开业之后每年盈利,才有了以后大生分厂、三厂之设。[33]

裕大华设立在石家庄的大兴纱厂与大生纱厂在销售对象的选择上有异曲同工之妙。石家庄周围是我国传统纺织业的发达地区。如获鹿、正定、定县、曲阳、高阳等县手工纺织户特别多,这些土布大都是"洋经土纬",对机纱有很大需求。大兴出纱后,立即占领了这些初级市场,"河北中部的棉纱市场上,大兴的双福纱成了清一色"。[34]

就地产销的方针给大兴带来了巨额利润。开车当年即获利40万两,从1923年1931年大兴的账面利润是46,528,777两,经营效果远优于设在武汉的申新四厂和裕大华集团的裕华厂。[35]

2. 设立分销机构

分销机构是本地销售的自然延伸,这依然是由企业集团自身进行产品推销的一种手段。外埠分庄的设立从理论上说与在原料产地设立收购分庄有着相似的构想。只不过推销分庄为销货方便设立的地点多是在人烟稠密、经济发达的通商大埠。

民营企业因经营的行业不同,在各地设立的分庄形式也不一样。当然,这与各企业集团经营方式也有很大关系,他们可以采取适合自己的方式。从荣氏集团来看,"申新在各地所设分庄,往往不是由总公司派员办理。只要某人是资本家所信任的,并在当地兜得转的,就把分庄交给他去办,或者另立组织,或者由这个人自己筹集资本"。[36]总公司的要求只是要他尽快把货卖出去,而分庄在其中得到的好处是总公司所默认的。1922 年以前,茂福申新在各地已经设立了 8 个批发处推销产品。[37]

启新洋灰公司依靠它设在全国的总批发所,在产品推销中也获得了巨大的成功。根据各地对水泥的需要,启新把全国划分为北南东西四大块,分别在天津、上海、奉天、汉口设立四个总批发所。这四个批发所隶属于设在本部的总事务所,但也有很大的自主权。根据总批发所办事简章规定,批发所具有向各地设立分销机构或派代理的权力;可以在总事务所规定的幅度内调整产品价格;要对建筑家联络或传习用灰方法,以开风气。在四个批发所的努力下,启新的销售量一直居全国首位。1982 到 1935 年。启新的水泥销量占全国的 43.56%。

3. 利用代理商、批发商和工厂门市来推销产品

南洋兄弟烟草公司是采行代理制推销产品的典型。在烟草行业中。重视推销产品从英美烟公司开始,这个老牌的侵入我国的

烟草公司已经形成了重视推销产品的传统。南洋的销售机构在很大程度上师法于英美烟公司,它的分公司制、代理商制都可以在英美烟公司那里找到蓝本。南洋的代理商遍及全国各地,并远及香港及南洋。1935年南洋除在上海设立发行所外,还在苏州、浙江、南京、汉口、济南、天津、辽宁、福州、三峡、广州等地分设10个分公司,在国外设立4个分公司,共在689个城镇设立代理店1188个。总公司与代理店并无行政组织上的隶属关系,它们只是总公司在各地聘设的营业机构,由总公司支付销售佣金而已。[38]

利用批发商销售产品较为典型的企业是大生纱厂和裕大华的裕华纱厂。大生纱厂的创办者之一沈敬夫是经营关庄布的同兴宏布庄的老板,与花、纱业中人多有交往。因此在大生产品的推销中,也是以纱布庄作为主要对象。大生纱厂的棉纱都是通过开盘方式批发给各纱庄销售。大生各厂早期还在企业中设立门市,不过1913年以后即停止门售,全部论件批给纱庄。大生纱厂的开盘时间由自己掌握,每年仅开四、五盘,而且都选定在花纱价格对企业有利时才放纱出厂。[39]裕华纱厂的纱布也是通过有固定关系的纱布庄批发销售。裕华的纱布不进交易所,初期销售主要依靠以葆和祥为首的几家大商号,他们都是裕华的股东,忠实可靠。裕华卖纱也是采取开盘子的方法,每开一次盘子至少卖一个月或两个月,不做零售。裕华在销售上采用大生系统的方式,估计与徐荣延崇尚张謇,从大生处学习经验不无关系。[40]

企业集团自营零售的方式并不多见,大都是企业在本厂附近设立门市向市场直接销售,它的销售量只占总量很小的份额。

4. 利用交易所、同业公会推销产品

交易所与其说是企业集团推销产品的机构,不如说是他们操纵市场、投机取利的场所。在交易所中买进卖出的并非实物,只有

在交割时才付现货。上海的花纱布交易所和粉麦交易所是两家较大的交易机构。花纱布交易所成立于 1921 年，一开始就被几家大纺织集团的老板所操纵，他们在交易所中的对手往往是政治背景很深的官僚，当地的流氓头子，但最主要的是日本人。对手中握有大量纺织厂的资本家来说，尽管交易所的投机在很大程度上是依靠买进卖出的时机把握，但是中、日纺织厂的实力乃是投机胜负的决定性因素。荣家是花纱布交易所的大户，申新雄厚的实力使它有一定的操纵能力。但是日本纱厂实力更为雄厚，而且往往一致行动，经常使民营企业在交易所投机中受挫。为了共同对付日商和空头，提高纱价，民营棉纺织企业联合起来组织了多头公司。然而由于政治势力的干涉使该公司未能长久，半年之后即宣布解散。荣氏企业在投机交易中有盈有亏，但总得说来是小盈大亏。

1927 年总公司在市场投机中亏本

项目		盈亏金额(千元)
花纱 套做	交易所花纱买卖	−384.56
	花纱买卖(福记)	−823.97
	合计	−1208.53

资料来源:根据 1927 年总公司决算表编制。参见《荣家企业史料》(上)第 207 页。

通过同业公会销售产品的典型行业是卷烟业。同业公会的作用主要体现在爱国运动中，1925 年五卅惨案以后，全国发动抵制日、英货，上海烟草业同行为实现与英、日经济绝交，于 1925 年 6 月 2 日由沈维挺、沈子卿、柴文华等人发起组织了"上海市烟草业同业公会"。上海烟兑业公会倡销国货，在社会上广为宣传，南洋借助于同业公会的力量在市场上广为推销自己的产品。

5. 将产品向国外推销

民族资本工业从整体水平上看很难与世界发达国家工业相比。但是与更为落后的国家比起来,它仍然具有一定的优势。因此一些行业的产品能够销往国外。周学熙曾经试图把水泥出口到东南亚,耀华玻璃厂的出品也曾尝试在国外找到销路。南洋在香港设有分厂,它的产品很大一部分是在东南亚国家推销的。但是由于企业本身的问题和国外市场的各种条件限制,这几个企业集团的产品外销量非常有限,有的只是尝试一下,因为难做就干脆放弃了。把产品向国外推销只是企业集团销售产品的一个非常次要的方式。

三、民营工业企业集团在原料组织和
产品推销过程中的激烈竞争

(一)民营企业集团的竞争对手

民营企业集团在国内市场上受到来自三个方两的压力:一是外资在华企业产品和外国原料及产品的输入;二是中国固有的手工业产品一直占据着相当大比例的国内市场;三是民营企业集团内部的竞争也使企业集团感到沉重的压力。

1、外资企业和外来产品的竞争。

1894年以后,资本主义列强在我国获得了设厂权,二三十年代时外资在华企业迅速增长,尤其是日资企业更有日新月异之势。下面将几个民营企业主要产品列表,与外资在华企业进行对比,说明外资企业在华的发展趋势。

棉纱业、中外纺织厂锭数 　　　　　　单位:千锭

经营者别	1913	1923	1927	1931	1937
中国人经营	504	2033	2033	2403	2684
日本人经营	75	962	1303	1630	2318
英国人经营	176	255	205	177	221
其他	80	—	—	—	—
合计	835	3,250	3,541	4,210	5224
外厂占总锭数比例%	39.64	37.45	42,59	42.92	48.62

资料来源:陈真编《中国近代工业史资料》第4辑,三联书店,1961年,据第202、203页表计算。

国内华洋水泥厂产量 　　　　　　单位:桶

年份	华厂产量	外厂产量	合计	外厂产量比例%
民国11	1,564,892	235,379	1,800,262	13.07
12	1,753,063	297,680	2,050,743	14.52
13	1,494,315	601,088	2,095,403	28.69
14	1,623,125	518,083	2,141,208	24.20
15	2,284,444	632,411	2,916,855	21.68
16	2,268,513	661,039	2,929,552	22.56
17	2,535,076	1,041,651	3,576,727	29.12
18	3,043,644	1,394,735	4,438,379	31.42
19	2,736,311	1,323,500	4,059,811	29.82
20	2,959,840	1,085,467	4,045,307	26.83

资料来源:根据陈真编:《中国近代工业史资料》第4辑第733页表计算。

面粉工业中外资在华企业所占份额十分弱小,但是外粉的输入量极大,尤其是 30 年代以后更是如此。

机制面粉进口量表　　　　　　单位:关担

年平均数	1906—1910	1858523.4
	1911—1915	2071394.4
	1916—1920	339842.6
	1921—1925	3895206.6
	1926—1930	6243634.2
海关担	1931—1935	2917858
	1936—1937	306966.5

资料来源:根据中国社科院经济所等编《旧中国机制面粉工业统计资料》,中华书局 1966 年,第 70~71 表计算而来。

通过以上各表,我们可以很容易看出,外资在华企业的产量是逐渐上升的,而且在计算中我们尚未加入外国输华产品。可见外货在中国市场上是民营企业强硬的竞争对手。

2、民营企业集团与手工业品的竞争。

民营企业还要不断地和手工业品争夺市场。我国资本主义的产生是外国资本主义的侵略和本国资本主义萌芽共同作用的产物。中国手工业中的资本主义生产方式在大机器工业引进以后,有些生产者顺应于时代的发展,把新式机器、动力运用于手工工场之中,形成了新旧结合的生产方式。生产过程的某些改变使手工业增强了与机器大工业抗衡的能力。20 世纪以后,中国的某些受机器大工业威胁的手工行业不仅没有衰落,反而有很大发展,它的

产量在总产量占有很高的比例,较为明显的例子就是棉纺织业和
面粉业。

棉纺织业(1901—1936)

年份	机纱产量(千包)	手纺纱产量(千包)	手纺纱比重(%)	手力机布产量(百万方码)	机织布产量(百万方码)	手织布比重(%)
1901—1909	415	1211	76.0	1934	58	97.09
1924—1927	1947	974	33.2	3278	270	92.39
1928—1931	2327	804	25.7	3356	538	86.18
1932—1936	2256	810	26.4	3407	1043	76.56

资料来源:赵冈、陈钟毅《中国棉业史》第249页。机织布数量采用的是该书第246页表中有关数字。

面粉工业各经济类型生产量比重变化表

项目	1913年	1921年	1936年
总产量合计(千包)	213,642.03	247,197.28	309,980.99
商品面粉%	45.64	10.05	45.15
其中:机器面粉生产%	18.36	46.30	18.40
机器磨坊生产%	0.19	11.13	2.21
土磨坊生产%	35.40	25.66	25.59
自然经济面粉	54.36	54.85	53.70

资料来源:《中国近代面粉工业史》第105页表。

从表中可以看出。机器面粉的产量虽然在增加,但速度非常

缓慢,除了受世界大战的影响,机器面粉业有一个较大的增长以外,从1921年到1936年16年时间,机器面粉产量所占比重只增加0.04%,可以说是微乎其微。可见,机器面粉在与土磨作坊的竞争中并没有占到上风。

机器纺纱业由于生产效率比手纺纱高出十数倍,故而在棉纱产量中,机纱很快占据了优势。但是手纺业并未完全退出市场;机器织布业的生产效率只比手工织布提高数倍,因此手工织户在采用机纱的基础上具有了和机器织布业抗衡的力量,直到30年代,机织布产量也还只占总产量的1/5弱,可见手工生产抵抗的顽强。

对于新兴工业或需要固定资产较多的行业来说,手工业的影响则大为减小,如火柴业、水泥业则难以看到有手工生产方式的产品。流通领域中民营企业集团第三个竞争对手就是来自内部的竞争,在原料供应不足、国内市场萎缩的情况下,它们之间的竞争也是非常激烈的。

(二)民营企业集团组织原料过程中的竞争

及时充分的原料供给是企业进行再生产的重要保证。民营企业集团对原料的采购都极为重视,采取各种各样的方式获得物美价廉的原料。而且,一旦市面不靖,企业家立即大量囤积原料以备不时之需。

企业家对采购原料都有丰富的经验。大生纱厂设在棉产丰富的南通地区,在南通一带占有天时、地利、人和的优势。但是日商依仗着纱厂雄厚的资本也到南通收花,两大势力在收花过程中展开了激烈斗争。经营大生的主要负责人张謇采取了"人弃我取""人取我舍"的方式收购棉花。具体做法是:棉花收获上市时,其他花庄放价收花引诱棉农时,大生则"勒价"少进。一旦棉农趋高价涌向各花庄时，花庄立即杀价，棉农因价格太低则犹豫不决，此时大生便趁机放价收花，但挑剔极严，于是中高档棉花被大生吸进。日商在南通的代理花庄只求完成数量的规定，所以杀价收进的都是质量极差的棉花。"1919 年日商在通海设庄 300 余家，大量收花，不论黄花水子一律照收，含水量之多，达到一撮花可以信手拈成棉条的程度"。[41] 大生购棉的另一方法是利用自己的地利之便在冬季收花。旧历年关，棉农普遍需现金过年，腊月二十三前后，外地客庄俱已收盘，大生此时放价收花。因棉农需长期贮存，有时是留作家用，故质量特别好，在少有竞争对手的情况下，大生往往能获得物美价廉的原料。但是这种方法需要对棉农存花量有精确的预测，否则就有可能出现无花可收、停工待料的局面。为了保证有足够的原料供应，大生纱厂虽设在产花之地，也要在厂内储存大量的棉花，以备不时之需。为了彻底解决原料问题，张謇还创办了以通海垦牧公司为主的一系列盐垦公司用来发展棉花种植以保证有足够的原料供应。

南洋虽是我国最大的民营烟草集团，其规模与英美烟公司相比则相去甚远。在原料组织上它与英美烟公司，和其他民营烟草公司之间也存在着激烈的竞争。南洋依赖的烟草基地是由英美烟公司早已拓展垄断的地盘。英美烟公司与烟农订有契约，无论优劣，一概全收。南洋和其他华商公司只能收购烟农剩余的烟草。而且每个原料产地的烟草售价都是由大量收烟的英美烟公司操纵。南洋为收到更多的原料也只有在当地与烟农订立合同，贷给烟种、化肥等，以保证收购量。对于卷烟的其他原料，南洋多采取与专业工厂联合生产或自己生产的方式获得，如为了印制广告、烟盒，自己置办了石印机，并投资香港永发印刷公司，收买上海远东印刷公司；为生产卷烟内包装锡纸，自办了宝兴锡纸厂。为卷烟生产的顺利进行,南洋还投资于康元制罐公司生产装烟罐,投资民丰纸厂制造卷烟纸。南洋平日自办或合办与卷烟有关的工业节省了原料投资,在一定程度上减轻了卷烟成本,有利于企业发展。

(三)企业集团在激烈市场竞争中的策略和手段

马克思指出:"商品价值从商品体跳到金体上,是商品的惊险的跳跃。这个跳跃如果不成功,摔坏的不是商品,但一定是商品所有者。"[42]民营资本家为了完成"惊险的跳跃",避免不被"摔"坏,使出了浑身的解数,千方百计的进行产品推销。民营企业家采取的推销方式是多种多样的,有些甚至不顾法律规定和同业道德,相互攻击拆台,这主要是因为当时的法制不健全和市场激烈的竞争造成的,我们在借鉴这些推销经验时,只能去其糟粕取其精华。

1. 激烈的广告战

南洋与英美烟公司之间的广告战激烈而精彩。英美烟公司早就视南洋为眼中钉,几次想收买都未达目的,于是每次目的未达之后就来一次激烈竞争。经过数十年的发展,英美烟公司已有极大势力,有人在1934年写道:"在很多中国农村并不知道谁是孙逸仙,但很少有地方不知道'红锡包'卷烟的。"[43]为了打开销路,南洋曾在沪、粤、港、暹罗等地办报宣传公司产品。[44]英美烟公司为联络报界人士,雇有专门的交际员。南洋就在英美举行宴请记者招待会的同时也举行宴会与英美争请记者到席,以资联络,争取在报纸上多被鼓吹。[45]不仅如此,南洋还利用一切可能的机会宣传自己的产品。1915年,简照南在给简英甫的信中描述了在一次飞机表演中与英美烟公司之间紧张激烈的广告战,并最终取得了胜利。[46]

刘鸿生在宣传广告上也有绝招。经过刻意研制然后上市的药水梗火柴在销售时获得了很好的成绩,其主要原因就是利用了华成烟公司的卷烟商标"美丽"牌。华成烟公司是一家颇有实力的民营烟草公司,当时业务很发达,以美女为图案的"美丽"牌香烟成为该公司最畅销的牌子。刘鸿生见美丽香烟销售量大便与华成公司的戴经理商量,把印有"美丽"字样的美女商标,翻印在大中华公司生产的火柴盒上做广告,这样做,表面上看是为华成公司做广告,事实上却是以华成的美丽商标为号召推销火柴。而且大中华还能获得华成公司一笔广告费。后来大中华虽然放弃了广告费,但也获得了华成公司让与的商标权,于是两者相得益彰,互为倡本,增加了销量。[47]

广告必须以质量上乘的产品为基础。产品质量好,加上广告宣传很快就能占领广大的市场。民营集团的资本家非常重视创造名牌产品。如荣氏集团在起家之时非常注意产品质量,"1911 年,大水为灾,各栈厂间积麦为水浸及而起霉味者,其粉即味恶而难下咽,本厂知之独审,凡遇受湿之麦,悉屏勿入,出粉色味,较他厂为优,人所乐购。自是兵船牌粉,遂脍炙人口,而为买客所欢迎矣"。[48]由此,注重产品质量成为荣氏兄弟经营企业的准则。以后申新系统的人钟纱牌子做响,成为交易的标准纱。由于注重质量,民营企业集团创造出一大批广为人知的著名商标:如启新洋灰公司的马牌、塔牌水泥、上海华商水泥公司的象牌水泥;大生纱厂的魁星棉纱、裕大华的双福棉纱;南洋兄弟烟草公司的喜鹊牌香烟等都成为广为人知产品。

2. 有奖销售成为普遍的推销手段

有奖销售事实上是在利用消费者的赌博心理。民营企业集团的很多企业都采用这种方式推销自己的产品。南洋兄弟烟草公司从早期发展就开始采取附送赠品、有奖销售等形式,这种形式一直采行了十多年,而且形式多样,赠品也因时而异。1915 年,南洋再出三喜、地球两种新牌香烟时，为增加销量，烟盒内"皆包藏有奖票。奖票最厚，大者金表，小者亦名家美术画"。[49]在销量增加后，南洋不无得意地说："觊觎奖品者众，吸者日多，故内地销流最广，此亦战术之妙品也。"[50]15 年之后，南洋在推销产品时继续采取有奖销售的方法，而且此法已成为纸烟业的风气，"约在 1930 年开始，全国风行纸烟加送赠品，作为推销上唯一捷径，甚至无赠品的纸烟无人顾问。武汉为销烟要冲，此风吹来，立即实行，南洋当然不能免。其所用赠品，大都为日用品及装饰品、衣料等等；贵重者有金戒指、金镑等；起码者有画片、日历等"。[51]

刘鸿生经营的大中华火柴公司，为了推销产品也制定了有奖销售方案：以红、黄、蓝、白火柴听颜色为四季，购一听火柴给一张奖卷，以 18 万听为准，每季给奖一万元。

有奖销售作为促销手段只能起到一时的推销作用，奖金奖品的赠与也加大了产品的生产成本。而且有奖销售不过使消费者提前购买了消费品，扩大市场的程度有限。国民政府由于有奖销售管理方面的不力，干脆禁止采用这种方法。

3. 企业服务社会，赞助公益事业，树立形象，推销产品

为了推销产品，民营企业家随时注意自己的企业形象，使企业名称、商标深入民心。赞助公益事业也是他们常用的方式之一。从思想观念来看，中国人一直有着热心公益，举办慈善事业的传统意识，即使不为宣传企业形象，传统社会中的中国人也有许多义举。民营企业家在积累起一定财富之后继续发扬了这一传统美德，投入很多资金用来举办公益事业。当然与此同时宣传他们的产品也无可厚非。

以企业服务于社会，成就最大者当属南通张謇。张謇创办大生系统即怀着实业救国、教育救国的目的。除工农业生产之外，张謇所创办的公共、公益事业计有:教育事业:从 1903 年创办南通师范学校起至 1920 年止,张謇在通海地区先后开办了大学 1 所(筹备),专科 6 所,师范 3 所,中学若干所,小学 315 所。[52]除各种学校外,张謇又开办了小学教员讲习所、国文讲习所、法政讲习所、巡警教练所、监狱学讲习所、测量讲习所,并有盲哑学校、通俗教育社、商业讲演社、中央教育会之设立。张謇创办的公益事业还有博物院、图书馆、气象台、医院、养老院、墓地、育婴堂、贫民工场等等;并且在南通修路建桥造福乡里。[53]张謇的这些公益事业的创办自然是依靠大生的资助,但说他创办事业是为了宣传大生则有失公允,不过人们因受益于这些事业会记住大生,怀念张謇则又是事实。南通市现今一份对外介绍性资料对张謇作出了公正的评价:"张謇从 1895 年开始办实业,距今已整整九十年。如今,他创办的工业、交通、文教、卫生、福利事业等,已有很大的发展。……他的实业活动,不仅开拓了南通发展近代工业的道路,并且为今天和明天南通工业、文化教育事业的发展奠定了基础。"[54]

其他大型民营企业集团的资本家也很注意在公益事业方面的投资。南洋经常捐款对受自然灾害之区进行赈济。据上海总商会报道:"历年直、鲁、豫、陕、晋、鄂、苏、浙、黔、陇各省灾荒及粤省水灾米荒,该公司屡输巨款;暨南大学、南开大学、武昌大学,公司均各捐款巨万;其尤者,分次遣学生留学欧美,计共 45 名,……公司担任 2/3,照南君担任 1/3;其他资助中小学校者不胜枚举。已故历任大总统暨各省军民长官各团体屡有赠给奖额,以为提倡国货之表示。"[55]

周学熙在创办企业之前已经在官任上展开他的慈善活动。1903 年,周就让其妻刘氏重整天津广仁堂,设女工厂,"收养之嫠妇及孤子女数百人,教以工艺"。[56]在刘氏夫人的教引之下,"堂中工业大进,首开女工之新风"。[57]1908年在安徽原籍建德南门外建屋数楹,名为:"周氏敬慈善堂",作为各善举总汇之所。[58]启新公司发达以后,周学熙更是拿出大量资金举办慈善事业。1916年捐办建德医院;1916年创办三丰积谷,自捐6千担;1918年设医学传习所、桑蚕试验所、商业讲习所等机构传播文化。1934年在家乡设立义学。周学熙终其一生都在创办慈善事业。他的善举很难说与宣传他所经营的实业有关,而主要是传统的思想观念在起作用。但是周学熙名望的广著也为他的集团树立了良好的形象,有利于商品推销。

4.其他促销方式

在与其他企业的竞争中,民营资本家的促销方式千变万化难以尽述。如跌价倾销,这是竞争中抢占市场最常用的方法,集团依仗雄厚的实力以物美价廉的商品将市场中其他同类商品排挤出去,然后形成垄断经营,再提高售价。再如提高代理佣金,提高代销售货员推销商品的积极性。又如攻击其他企业畅销产品的商标侵权。这本是外资企业常用来对付民营企业的手段,民营集团也以之对付其他民营企业。

四、民营集团在产品销售中的联营活动

联营近似于西方资本主义国家在向帝国义过渡时早已出现过的垄断形式之一——卡特尔,是早期的帝国主义发展初期不成熟的垄断形式。其主要表现形式是协定价格,划分销售区域,牟取超额利润。在中国资本主义发展初期,企业之间的联营也有出现,如轮船招商局与其主要对手太古和旗昌轮船公司曾数次订立齐价合同并划分中国沿海、内河市场,它们虽没有业务上的相互统属,但价格的统一协定却也使各企业受到了共同的约束,具有了联营的

性质。轮船招商局与外资企业订立齐价合同,其基本原因是相互之间的激烈竞争。三个航运公司实力相当,相互吞并都有很大困难,在市场饱和的情况下,为了避免竞争造成的损失,只有走合作的道路。

20世纪以后,民营工业发展迅速,但外资在华势力并未稍减,在一些行业中仍占重要地位。而且,由于外货的输入,国内市场中民营企业所能获得生存的缝隙仍然十分有限,市场竞争依然十分激烈。在这种情况下,企业之间谋取一定程度的合作是极其自然的,当然,由于时代的发展,企业联营的原因、性质、结果也有些不同。从众多的企业史料来看,近代民营企业联营较有建树者为水泥、火柴两业。下面就从这两个行业联营的情况作些具体分析。

1. 国内市场饱和,产品供大于求,市场竞争激烈,企业联营是为了避免在竞争中两败俱伤、寻求共赢的有效方式。

从火柴业的发展来看,从洋火输入中国到中国自办火柴厂,火柴产量经历了一个从小到大的过程。19世纪末,近代火柴工业已在我国出现,由于它资本有机构成低,技术要求不高,因此传播很快,设厂很多,而且竞争也颇为激烈。20年代以后,国内火柴市场供大于求,竞争激烈。中国虽然人口众多,但火柴市场并不大。作为生活必须品的火柴本应在中国找到大量的消费者,但是在以农业经济为主的小生产方式条件下,家庭中可支配的货币数量十分有限,而且中国人向来具有节俭的传统,即使价格低廉的火柴也难得购买,因此在中国市场上推销商品确实不易。我们虽然很难估量中国火柴市场的具体规模,但从联营后,刘鸿生决定关闭部分工厂以促进需求的做法来看,火柴的供过于求是显而易见的。

火柴业的联营最早出现在四川和广东两地的企业中。1905年,四川全省9家火柴厂即成立了"华洋统销公司",协定销售价格,划分销售区域,已具联营性质。[59]稍后不久,广东省火柴业为了抗击瑞典火柴的倾销,以缴纳税款换取了广东省政府的支持,成立了联营性的组织"维业堂",把瑞典火柴挤出了广东。[60]规模最大的火柴业联营当属刘鸿生发起的企业联营活动。火柴业之所以也走上了联营的道路,有以下具体原因:

一是大厂受到小厂的威胁,不平等竞争使大厂感到很大压力。与水泥业不同,火柴业资本有机构成低,不需要很高的制造技术,只要有简单劳动力和不多的资本即可开业。小火柴厂开业以后,尽管产品低劣,但由于能就地销售,节省运费,还能偷税漏税而降低了成本,因而售价也低,具有一定的竞争力,跌价竞销时,令大厂颇为头痛。为了减少不必要的损失,必须对这些小厂进行购买和兼并。

二是大厂之间的相互竞争,其结果不免使两败俱伤。通过一段时间的竞争后,彼此之间也具有联营的意向。华东地区的几家火柴厂势均力敌,在竞销中难分轩轾,在一定条件下愿意进行企业联营。

火柴工业在几个火柴公司联营以后,通过联合涨价,民营火柴业也获得了很大收益,1930年8月到1931年3月,大中华公司连续涨价四次,1930年下半年,公司即盈余近二十四万元。企业联营给联营企业带来的另一方面的实惠是企业交易成本的降低。销售产品虽然只是企业行为的一部分,但却十分重要,产品销售不出去,企业必然面临倒闭。所以企业在产品销售中的投入远大于其他市场行为。

水泥业的联营初始于1925年周学熙的启新洋灰公司与刘鸿生的华商水泥股份有限公司的合作。当时的水泥市场供过于求,在启新与华商联营的前一年(1924年),中国国内(包括外资)水泥厂的生产产量为 407.5 万桶,每年进口水泥为 61.8 万桶。合计 469.3 万桶。[61]而当时中国水泥市场的需求量不过一百二、三十万桶。[62]在供给超过需求数倍的情况下,其竞争激烈程度可想而知。水泥售价从每桶十二元跌到二元六角。启新一再图谋保持自己的水泥霸主地位,力图保持南方市场,而华商则再三努力想打开北方市场。两家大肆跌价竞销,相互攻讦,彼此拆台,结果两败俱伤,只好共图联营。

企业联营之后,联营企业实行了价格统一,在同一个号令下升降价格,既有利于与同业非联营企业竞争,又可以通过一定程度的地区垄断获得高额利润。联营企业的集体涨价带来的好处是非常明显的。1924 年,启新与华商水泥公司联营前一年,由于竞争激烈,每桶水泥的售价为二元六角上下,而联营后,1925 到 1929 年的水泥价格平均为每桶 4.207 元,[63]比 1924 年水泥销价高出 1.62 倍。1924 年华商亏损 38064.55 元,1925 到 1929 年平均每年盈利 33423.09 元,[64]启新也获得一定的好处。启新、华商、中国三公司联营后占国产水泥产量的 85% 以上,价格上涨涉及的区域更大,使三公司都获得了涨价的实惠。

企业在产品销售中所花费的交易成本主要是竞争成本,包括广告费、信息搜集费等等,花费尤多的是降价竞销,由于价格下降到正常的销售价格以下销货所受的损失都应计入交易成本。当企业联营以后,产品价格即使难以上涨到正常价格以上获得高额利润,至少也可以按照正常的价格出售获取应得的利润。企业联营以后,联营企业的市场行为被规范到联营合同以内,交易行为一部分被内化为企业行为。从理论上说,企业向企业集团发展,将企业行为内部化同样也会节省交易成本而增加管理成本。但是就企业联营来看,联营企业的市场行为并没有完全内部化,因而还存在相当大的企业自身的交易成本,而企业联营尽管其管理职能不及企业集团管理严格,却也成立了统一的联营组织如中华火柴联营社负责监督、协调联营企业的交易和行为,也需要花费一定的管理成本。应该说,企业联营所花费的管理成本远小于由联营节省的交易成本,因此,企业联营被民营企业家当作有效的经营方式。当然,企业联营中的磨擦行为也会同时增加交易成本和管理成本,但这毕竟不是问题的主要方面。

2. 企业联营在一定程度上起到了抵制外货的作用。

这里需要指出的是,国内市场产品的供大于求并非只是由民营企业的生产过剩而引起的,更主要原因应是外国产品的倾销。比如火柴倾销,尤其是瑞典和日本火柴的大批涌入造成国内市场的巨大压力。1930 年,全国的进口火柴已达 171,012 箱,瑞典、日本共占 31.9%,而且不包括走私火柴。1930 年中国民营火柴厂共生产 543,963 箱火柴,进口火柴占国内生产的 31.43%,[65]可见外货势力之大。为了抵抗外货倾销,减少供大于求的压力,火柴业必须走联营的道路。

火柴业的联营虽然有瑞典和日本火柴业的加入,并且在销额划分上,外人获得了很多优惠,但联营仍有保护民营火柴业的意义。火柴业联营以后,外国火柴受到了中华全国火柴联营社所规定的价格和销售区域的限制,减小了他们依靠本身实力滥放价格给民营火柴业造成的竞争压力。日本火柴业由于取得了一定的销售配额,火柴正常进口数量提高,虽然也难免有走私现象,但数量亦有所下降。民营火柴业在牺牲了本国中小厂家利益的基础上换来了一段稍微安静的时光,获得了一定的发展。全国火柴业联营后,大中华的产销量都稳步上升,并获得了高额利润。

虽然民营企业之间也存在着激烈的竞争,但一旦联营之后即将矛头指向洋货。水泥业即是如此。1925 年,启新和华商两厂联营后立即携手对付外货,互通信息,共同进退。据统计,两厂联营前一年,外国进口水泥加上国内外资企业出品共占水泥供给总量的 44.93% ,达 121.9 万桶。[66]外国水泥依靠其雄厚的实力和在中国各方面的优惠条件,与华资水泥厂跌价竞销,大有不挤垮华厂势不罢休的势头。华商和启新共同感到了外货主要是日货的压力。外货利用货主的无知,以质量低劣的水泥削价供应,打击华资企业。[67]为了抵制外货谋求生存,也只有采取合作的态度进行企业联营。外货来时即同地刹价竞销,我货匮乏又涨价谋利,虽未将外灰逐出市场,却也保住了民营水泥产品的阵地。1925 年到 1930 年,两厂联营后国货水泥在国内市场供给总量上始终保持着一半以上的优势,遏制着外货侵入的势头。

3. 企业联营虽然形成了某些地区的局部垄断,但其实力依然不足以左右全国市场,联营亦不过是民营企业谋求生存的一个手段而已,联营中的矛盾也同时反映了民营企业实力不足和彼此之间的竞争。

民营企业彼此各有所长,难以相互吞并。当时水泥厂中启新资格最老,实力也最为雄厚,随时伺机扩大自己的实力,并不排除采用兼并其他企业的方法。1914 年对湖北水泥厂的收购即可证明启新对同业公司都存有觊觎之心,只要有可能便加以兼并。但是华商水泥厂与湖北水泥厂并不相同,本身具有很多长处,启新很难一口吞下。其一,华商地处上海,产品在本地销售极为便利,而且上海一地的销售量即占华商总销额的十分之七、八,在上海的竞争中,启新很难占到上风。其二,华商水泥厂只是刘鸿生企业集团的一个组成部分,可以获得整个集团势力的支持。不仅对启新在南方的竞争毫不示弱,而且还将产品打入启新北方的势力范围,伺机吞食。因此,启新对华商进行吞并并非易事。再加上华商总经理刘鸿生在生意场上闯荡多年,经验丰富,颇有实力,也增大了启新兼并华商的难度。就后设立的中国水泥公司来说,设厂之际,规模并不大,日产量为 500 桶,但地处南京,占有一定的地域优势,可以控制部分内地市场,而且 1927 年又吞并太湖水泥公司,日产量达到 1500 桶,生产能力一跃而居华商之上,因此,更没有吞并的可能。由此可见,启新和华商的联营,及以后加上中国水泥公司的三家联营乃是相互斗争又彼此妥协的结果。

水泥、火柴两业中企业的联合虽然屡经波折,最终还是达成了一些协议,有长达数年的联营活动,在联营期间确实也取得了较为显著的成果。

与企业集团直接管理控制所属企业不同,各联营企业之间的关系是建立在契约基础之上,企业的所有权仍属不同的业主,企业之间只是松散的合作关系,在涉及到各自利益时,相互之间也有磨擦,最终可能导致联营破裂。如启新、华商联营后,彼此在退袋、送利中进行潜在竞争,在暗盘销售中,给予消费者优惠价格,拉笼客户。同样,在火柴业中,当国产火柴制造同业联合办事处成立之后,虽然明确了联办章程,但各地厂家仍以自己利益为重,采取各种手段获取私利而不顾联营的其他企业。迫不得已,火柴业联办处只好为分办。

同业联营对市场的垄断也十分限。启新、中国、华商的联营虽可占华资水泥生产量的 85%,但华厂的国内市场供应量只占总量的 55%,有近一半的水泥市场仍掌握在外商手中,因此这种联营很难称得上是垄断。火柴业的全国联营也并没有实现全国性垄断,在华中、华北、鲁豫三区的火柴产量中,联营社的产量占 84.6%,但是联营社中,日厂和美内团厂已占产量的 25%,再加上外货的进口和走私,中国火柴市场很难说已是操诸华商之手。

民营企业之间的联营是划分市场,解决竞争压力的有效途径。从联营前的恶性竞争导致的企业生存条件恶化,到联营后企业盈利大增,说明联营既有内在的需求,也存在现实的可能。由联营产生的盈利,虽然相当大的部分来自产品价格的提高,对中国消费者产生了不利影响,但是如果任由企业恶性竞争下去,各个竞争企业势必大伤元气,甚至停产倒闭,使刚刚发展起来的民营工业遭受重创。特别是在近代,国家不能保护民族产业,外国自由在华设厂,外国产品不断倾销的情况下,民营工业的退出势必会使外国产品大行其道,完全垄断中国市场,产品价格更是操诸外人,使中国在更深更广的程度上仰外人鼻息,中国的半殖民地化进一步加深。可见竞相压价的恶性竞争不仅不利于民营企业自身的发展,也不利于中国的长远利益,不能以局部消费者的暂时受益反而影响了消费者的长期、整体利益,不能影响国家和民族的利益。因此,民营企业的联营无论是从企业自身发展上,还是从维护国家和民族利益上都是十分有利的。

但是民营企业在半封建半殖民地社会条件下,发展空间非常有限,内受坚硬传统经济结构的顽强抵制,外受外国实力雄厚的企业的强力压制,在市场竞争激烈的情况下,只能凭借有限的实力,采取多种方式挣扎图存。企业联营毋宁说是民营企业谋求生存的一种自卫方式。如果说民营企业希望通过这种形式垄断全国市场,确实还不具备这样的实力和外部环境。民营企业的联营充满了不确定性,联营只是局部的、短暂的、充满内部矛盾和斗争的形式,有时为了划分市场范围,还不可避免地让外国在华企业参加。尽管如此,民营企业的联营从企业经营管理形式来看,是一个适合市场需求的进步。联营期间竞争成本降低,产品价格提高,给企业经营创造了较为宽松的环境,企业在联营期间也获得了较快的发展。因此总的来说,民营企业的联营是一种比较有利的企业应对市场的方式。

注　释

1　传统的商业网络情况可参见沈祖炜:《旧上海与内地的商品流通渠道》,《上海经济研究》,1987年,第3期。

2　赵冈、陈钟毅:《中国棉业史》,台湾:联经出版社,1977年。

3　据巫宝三主编:《中国国民所得》(下),北京:中华书局,1947年,第181页表计算。

4　参见阿瑟·扬格著,陈泽宪、陈霞飞译:《一九二七至一九三七年中国财政经济状况》,北京:中国社科出版社,1981年,第351页;另据严中平等编:《中国近代经济史统计资料选辑》,1955年版,第207、209页表计算,也得出大致相当的结果。

5　6　中国近代经济史资料丛刊委员编:《中国海关与邮政》,北京:中华书局,1983年,第78、129页。

7　巫宝三主编:《中国国民所得》(下),北京:中华书局,1947年,第231页。

8　9　吴承明:《中国资本主义与国内市场》,北京:中国社会科学出版社,1985年,第283—284、289页。

10　上海社科院经济所编:《中国近代民族工业面粉史》,北京:中华书局,1987年,第140页。

11　方宪堂:《上海近代民族卷烟工业》,上海:上海社会科学院出版社,1989年,第86页。国内价格操纵于国际市场的情况还可见潘君祥、沈祖炜主编:《近代中国国情透视》,上海:上海社会科学出版社,1992年,第186页。

12　根据《上海近代民族卷烟工业》第83页表,《南洋兄弟烟草公司史料》第193—196页表计算,其中上海1933年的上等烟价为特等和超等烟的平均价。

13　19　34　35　36　37　48　上海社会科学院经济研究所编:《荣家企业史料》(上)上海:上海人民出版社,1962年,第271—272、97、101、35、100、93、30页。

14　《大兴纱厂史稿》,第8页。

15　16　段本洛、单强:《大生纱厂的投资环境与对策》,《江海学刊》,1987年6期。

17　大生与日商在收花过程中的斗争情况在《大生系统企业史》中有充分的描述,可参见第 111—115 页。

18　57　58　郝庆元:《周学熙传》,天津:天津人民出版社,1991 年,第 19、244 页。

20　上海社会科学院经济研究所:《英美烟公司在华企业资料汇编》(一),北京:中华书局,1983 年,第 239—282 页。

21　参见《南洋兄弟烟草公司史料》190—204 页;《上海近代民族卷烟工业》第 80—85 页。

22　《裕大华纺织资本集团史料》编写组编辑:《裕大华纺织资本集团史料》,武汉:湖北人民出版社,1984 年,第 148、152 页。

23　方宪堂:《试论南洋兄弟烟草公司的经营特色》,《上海经济研究》,1988 年第 1 期。

24　参见《中国近代面粉工业史》第 140、141 页。《荣家企业史料》第 168、170 页。

25　26　30　31　38　44　45　46　49　50　51　55　中国科学院上海经济研究所:《南洋兄弟烟草公司史料》,上海:上海人民出版社,1960 年,第 191、236、248、91、93、90、252、249 页。

27　28　61　上海社会科学院经济研究所编:《刘鸿生企业史料》(上),上海:上海人民出版社,1981 年,第 178、169、184 页。

29　于素云等编:《中国近代经济史》,沈阳:辽宁人民出版社,1983 年,第 358 页。

32　根据《南洋兄弟烟草公司史料》第 220 页表,《上海近代民族卷烟工业》表计算。

33　《大生系统企业史》编写组:《大生系统企业史》,南京:江苏古籍出版社,《大生系统企业史》,第 9 页。

39　41　《大生系统企业史》编写组:《大生系统企业史》,南京:江苏古籍出版社,第 117、114 页。

40　《裕大华纺织资本集团史料》编写组编辑:《裕大华纺织资本集团史料》,武汉:湖北人民出版社,1984 年,第 51 页。

42　马克思:《资本论》第一卷,第 124 页。

43　汪熙:《一个国际托拉斯在中国的历史记录—英美烟公司在华垄断活动剖析》,《复旦学报》,1983 年,第 5 期。

47　上海社会科学院经济研究所编:《刘鸿生企业史料》(中),上海:上海人民出版社,1981 年,第 147,148 页。

52　54　姜铎:《关于张謇的历史评价》,《经济研究》,1988 年,第 3 期。

53　《江苏文史资料选辑》第 10 辑,第 130—195 页。

56　《周止庵先生别传》,第 212 页。

57　58　郝庆元:《周学熙传》,第 244 页。

59　中国社科院经济所编:《中国民族火柴工业》,北京:中华书局,1963 年,第 13 页。

60　《广东文史资料》第 7 辑。

62　南开大学经济研究所,南开大学经济系编:《启新洋灰公司史料》北京:三联书店,
　　1963 年,第 208 页。

63　64　65　上海社会科学院经济研究所编:《刘鸿生企业史料》(上),上海:上海人民
　　出版社,1981 年,第 200、224 页表、第 108、154 页表计算。

66　67　上海社会科学院经济研究所编:《刘鸿生企业史料》,上海:上海人民出版社,
　　1981 年,第 181—185 页;南开大学经济研究所,南开大学经济系编:《启新洋灰公
　　司史料》,北京:三联书店,1963 年,第 207 页。

第五章

企业集团的资本运营和集团扩张

一、民营工业企业集团的财务管理

企业财务管理的关键在于会计水平的高低。近代中国的民营企业集团是中国资本主义成份中最先进的部分,但有些企业集团的财务管理仍然是漏洞百出,其重要原因之一就是会计制度的落后。

(一)西方会计制度的产生和发展

一般认为,西方较为严密的会计制度产生于资本主义萌芽时期的意大利北方城市。复式簿记制度之所以产生于当时的意大利,是由当时的社会经济发展状况决定的。[1]十二三世纪以后,欧洲经济开始进入一个繁荣时期。西欧行会手工业的发达是社会经济发展的基础,意大利北部城市和佛兰德尔的毛纺织业兴盛起来,城市手工业的分工也越来越细,生产技术有很大改进。商业的繁荣是促进区域经济合作的润滑剂,商业在信息传播,促进企业扩张方面具有不可忽视的作用。随着手工业的发展,欧洲商人的活动范围已打破地区界限,其主要业务已经变成各大区域间和东西方之间的大型商业经营活动。另外一个值得注意的现象是采矿业的发展。从起动资本上看,矿业远比手工业和商业所需的固定资产要多。由于容易开采的矿山大都已被开采,继续经营矿业者必须投入更大的资本去开采难度更大的矿山。[2]

生产贸易规模的扩大使单位企业所需要的资金增多,企业的组织机构也相应地扩大起来了。原来由一个或几个家族合资就可以经营的企业,现在必须依靠社会资金的帮助才能运转,于是,吸收社会资金的最佳形式——股份公司应运而生。15、16 世纪时,合伙有限责任公司已在欧洲出现,意大利、法国、德国的商行档案里都已有股份公司的记载。

生产经营活动需要有财务记录以计算盈亏、加强管理。生产经营的规模越大,财务状况的记录要求也越严格。复式簿记的产生就是当时经济发展的呼唤,尤其是股份公司产生以后,复式会计制度显得尤为重要。一个家族资本能够维持企业经营时,简单的财务记录就可以满足家族成员了解企业状况的要求。一旦几个家族合伙经营,或者采取股份公司组织企业时,就必须对企业的财务状况有较为详细清晰的记录,一方面是使所有企业产权所有者及时了解企业的经营状况,另一方面也可以由此而明确划分所得利益,减少合伙人之间的经济纠纷。尽管复式簿记制度最初是由银行开始采用的,由于它符合了社会经济发展的需要,所以很快就被大型的生产贸易公司引进,成为大型企业会计的主要形式。当时的企业家和学术界对复式会计制度非常赞赏,富格尔的总会计师甚至直呼其为"致富的艺术"。[3]

这里需要指出的是,复式簿记在大型企业中的应用和发展是和当时各国的经济政策分不开的。意大利的城邦经济受到了领主的热情鼓励。在普遍流行的重商主义的影响下,法国国王、英国王室、意大利的城邦领主等,几乎包括所有的欧洲政府都对工商业者采取了鼓励和保护政策。在政府提供的保护性制度环境中,工商业者能够投入更多的精力经营自己的产业,注重企业经营管理的研究。因此复式会计制度从产生起就受到重视。自15世纪末,意大利数学家在《算术几何及比例概要》一书中对复式会计制度加以总结之后,意、荷、英、法、德诸国的会计论著层出不穷,社会上关于会计的杂志、刊物争奇斗绝,西方会计学得到了尽可能的完善,成为企业进行财务管理的极为有效的手段。

(二)中国会计制度发展的基本情况

中国的会计制度也是随着中国的社会经济发展而日益演进的。[4]据有人考证,我国最早出现会计名称是在西周时,《周礼·天官下》:"司会掌邦之六典、八法、八则……而听其会计。"中国会计的记账方式在产生时是单式记账法。2000多年后,直到西方复式记账法传入中国之前,中国会计记账法虽有向复式记账方向转化的趋势,却未能最后完成,成为中国会计发展史的遗憾。

中国会计的单式记账法之所以能够历久不衰,少有长进,根本原因还是在于中国封建社会商品经济的不发达。中国封建社会的经济结构是以手工生产和农业相结合的家庭生产占主导地位,以商业作为社会经济补充成分的长期稳定的生产结构。数千年来的王朝兴替都没有打破这种坚固的经济结构。对以家庭生产为主的小生产方式来说,单式记账法已足敷使用。即使在明清资本主义萌芽时期,规模较大的手工工场已经出现,流通领域里也已产生千万两级的大商人,工场和商店的记账的方式仍然是以单式记账法为主。有些商店虽也采用了如"三脚账"、"龙门账"等一些复式记账的原始形态,但距西方的会计发展已相去甚远了。

　　除客观经济因素外,中国工商业一直受到封建统治者的抑制,这也使会计制度的发展丧失了客观环境。重农抑商是中国封建社会经济政策的传统,在具有法定意义的公文中,凡涉及到工商业时大都以禁抑为主。鼓励倡导工商业发展的非常稀少。受统治者的影响,社会上也形成了重农抑商的风气。在传统文化中重义轻利亦是千古不变的信条。在这样的制度环境下,工商业者所注重的与其说的如何发家致富,倒不如说是在思谋如何保护自己的财产不受侵害。在一个不鼓励工商业发展的社会里,工商业者的财富经常受到来自官员的贪墨、地方势力的欺诈等方面的威胁。因此一般工商业者都养成了不显财、不露富的心态。在这样的环境下,很难会有人专门对会计制度进行研究,大多数商人不过是沿用旧习而已。

　　传统商业的经营作风也使严密的会计制度难以产生。一般的中国店铺在供销货物的过程中大都采用信用购销的方式。由于社会观念中信义被商界尊为信条,正当商人很少赖账。因此在日常交易中极少发生呆账现象。从清代产生的钱庄把信用经营带进金融业的情况可以看出信义之道在传统的工商业者的心目中具有较强的约束作用。基于此点,工商业者只需对业务往来者用单式记账法作一简单记录即可。记账的主要目的并不是用来催欠,不过是对企业经营状况的简单反映,使业主便于了解而已。

　　从工商业者经营的生产单位内部来说,也无需使用严密的会计制度,传统的工商业经营规模都很小,往往集一家之力就足敷生产经营之用。中国家庭内部财产是共有的,家庭成员只要求对生产经营状况大致了解即可,企业的利润分配权掌握在家长手中。分配方案完全依照家长意志,经营状况的记录只是参考。因此,很少有人对记账方式产生兴趣。合伙经营的企业在中国历史上也曾出现,尤其是在资本主义萌芽时期更为常见。但是像股份有限公司这样的企业组织形式直到西方企业制度传入中国之前,从来也没有出现过。因此,股份公司的典型财务制度的管理形式——严密的复式簿记制度也没能在中国产生。

(三)民营企业集团中采用的会计制度的演变

近代中国民营企业在早期发展过程中仍然沿用了手工作坊中的单式记账法。不过随着外国资本主义侵入的加深,有些民营企业也开始采用西方的复式记账法。尤其是大型的民营工业企业集团,为了严格财务制度管理更是热衷于引进西方的财务制度。

借贷记账法传入我国大致有几种渠道。一是外资在华设立的企业,它们在财务制度中采用的是借贷记账法。1894 年以前,外资企业以航运、贸易业为主,1894 年以后,外资工业企业也在华设立,他们所采用的记账方式为华商工业企业提供了模仿的标准。其次是洋务派所办的一些军工民用企业。这些企业中的一部分是完全交给外国人进行管理的,如李鸿章主办的金陵机器局,任命马格里负责,左宗棠所办的福州船政局由德克碑、日益格负责。这些外国人在企业中也采用了西方的财务管理制度,由此也培养了一些熟悉西方会计制度的人才。

西方会计制度在民营企业中的应用是民营企业对西方企业管理制度的模仿。在民营企业产生以后的很长时期内,民营企业采用的依然是业已习惯的中式会计制度。20 年代以后,随着西方管理制度在我国的兴盛。西方会计制度也在民营企业中广泛使用起来。1930 年国民政府实业部举行了统一工商会计制度的会议,向全国推行借贷记账法。从此复式记账法在我国大中型工商企业中被普遍采用。

民营工业企业集团在财务制度管理上也经历了一个长期演变的过程。早期的民营工业企业集团可以张謇、周学熙的集团为代表。这两个创建于19世纪末、20世纪初的企业集团采用的仍然是中式记账法。从大生一、二厂的账略上看,所使用的会计科目有支、存、余、在等几项,以单式记账法为主,最后进行会计平衡。采用的记账符号也是中国数字。周学熙集团的会计制度由于西方人的参与,先是直接采用借贷记账法,以后在有些企业中使用了经过改良的收付记账法。

由钱庄老板出身的荣氏兄弟在企业集团中沿用旧习,一直将中式会计制度贯彻始终。尤其是总经理荣宗敬,一直不愿意放弃中式记账法。不过荣宗敬并不反对在企业财务管理中使用西方会计,因此荣氏企业中呈现出两种会计制度并存的现象。这或许也是产生于那个中西体制交融时代的民营企业发展的必然结果。

20、30年代以后产生的大型民营企业集团,已经非常注意企业的财务管理。刘鸿生在其企业集团已有雏形时,就建立了一套严密科学的会计制度,并聘请上海有名的会计师华润泉作刘鸿记账房的总管。刘氏集团的会计制度已经完全摆脱了中式会计制度的影响,从会计科目的设置到记账方式都是引进西方会计制度的原则。由于他的集团财务制度严密,一时间竟成为上海各大企业仿效的范式。

财务管理是民营企业集团管理的重要环节,财务管理状况的好坏直接关系到整个企业集团经营的成败。近代民营工业企业集团的会计制度也是当时社会经济发展的特色折射。有的坚持传统,坚持中式会计制度,有的中西合璧,采用改造后的会计方法,有的完全西化,引进全套的西方会计制度。这种情况反映出民营企业财务管理的不成熟,对企业的发展会造成一定的不利影响。但是从会计制度的发展来看,采用比较科学的复式记账法的企业越来越多,企业的财务管理越来越严密,反映了民营企业经营管理的进步。也正是由于财务管理的严密,为企业的资本集聚和资本运作奠定了一定的基础,为企业扩大规模提供了资本运营的财务基础。

二、企业集团资本的集聚和运作

资金是企业发展的最重要因素,资金是否充裕直接影响着企业发展的规模和速度。在中国民营资本企业中,资金不足是民营企业难以正常扩张的主要障碍。在我国,民营企业资金不足具有先天性质,在半封建半殖民地社会条件下,中国资本主义产生并不是资本主义萌芽发展的自然结果。在资本主义的炮舰轰开中国大门的时候,中国资本主义原始资本积累的过程还远没有完成。众所周知。在资本主义发展的正常历程中,资产阶级的前身通过对海外的殖民掠夺和对国内人民的剥削获取了大量的原始资本用来发展工商企业。而对中国来说,世界形势已不可能容许中国再向海外殖民,而国内的资本积累途径则受着传统资金流向和外国资本主义的影响,真正能够投入到具有资本主义性质的工厂和手工工场的资金非常有限,中国已不可能有一个完整的原始资本积累过程。

在原始积累不能顺利完成的情况下,中国资本主义的发展只能是原始积累和资本积累同时进行,这本身就是对中国资本主义发展的巨大压力,不仅如此,在这个资本积累和原始积累同时进行的过程中还要受到外国资本主义掠夺和传统资本流向的干扰。

首先看外国资本主义对中国的掠夺。在对外贸易中,中国逆差的不断扩大导致白银外流，从形式和实体上都阻碍了中国的资本积累。而且随着进出口产品剪刀差的扩大，中国国际贸易中的暗亏也日渐严重，同样不利于资本积累。据估计，1895—1930年中国的国际贸易逆差为28亿9千多万两，[5]1900年—1920年间，进出口价格的剪刀差扩大了32%，1926年，剪刀差最大时扩大到84.2%，就是说，以前用一吨出口品所能换的进口货，现在要用近两吨来换取了。[6]

其次中国国内传统的资金流向也阻碍着资本积累。数千年来的封建体制已经在人们的思想观念中形成了巨大的惯性，在进行资本投放时人们不自觉地遵循着传统的方式。在新兴的工业利益没有足够的吸引力之前，尤其是在资本主义开始产生的时候，财富的所有者往往把资金投向土地、官场、商业和用作高利贷，从这些领域中能够获得的收益即使不比工业利润高，它们的稳定性由于社会习惯的影响和资金短缺的实际情况也会远高于工业投资。而且由于投资途径分散，致使中国工业在经过数十年的发展以后仍然难以和传统投资部门产生的收益抗衡。因此工业，尤其是民营工业长期受着资金短缺的痛苦。

资金短缺的问题对于民营企业集团来说也同样存在，而且从某种程度上说，这个问题在大中型民营企业中更为严重。这主要是因为民营企业集团并不是在雄厚的资金基础上稳步扩张的，很多集团是靠举借债务进行企业兼并，其典型者如荣氏集团。那么在资金不足的情况下民营企业集团是如何集聚资金，进行资本运作谋求发展的呢？下面我们逐类进行分析。

（一）以利润滚存为主的企业内部资本积累

企业利润可以分割为官利、公积金、股息、花红等项。折旧应计入成本中,中国民营企业有其特别分配方法,无论企业盈亏,先取官利,约为投资人资本的 8% 以上,然后才能进行其他项目的分配。对于公积金和折旧的扣除提取,则视情况而定,并不作为一项财务制度。分干花净的现象在民营企业中随处可见,这就给民营企业家的资本积累带来了一定困难。在我们考察的几个企业集团中,大生集团的财务制度就很不健全,它的资本积累困难表现得非常突出。

　　大生集团创立以后,依靠天时地利人和,和"土产土销"的政策获取了高额利润。1899—1922 年间,大生一、二两厂共获利 1663 万余两,相当于 1921 年两厂资本总额的 4.5 倍。[7]令人不解的是在获取如此高额利润的情况下,大生一、二厂只提取很少的折旧费用,而且它的折旧费用并不计入成本,而是在历届盈余中酌提。更令人奇怪的是,张謇竟把折旧和公积混为一谈,在初办大生时只提公积不提折旧。他的理由很有意思,大生是新厂,机器未旧,"未旧不折,亦名实相符之意也",显示出他对折旧的忽视。[8]大生一直是在"获利全分"的指导思想下分配利润的。

大生一、二厂的固定资本折旧率　　　　单位:万两

年份	大生一厂			大生二厂		
固定资产	折旧费	折旧率%	固定资产	折旧费	折旧率%	
1899	51.2					
1903	82.8					
1907	96.1	2.5	2.60%	81.8		
1915	185.1	2.5	1.32%	90.6	1	1.11%
1921	272.6	5.0	1.08%	106.7	1	0.94%
1922	458.0	2.5	0.61%	118.6		
1923	403.2	2.5	0.62%	132.6		

　　资料来源:据《大生系统企业史》第 143、150、152 页表计算。

由表中可见。大生一、二厂的折旧率通常不足2%,而正常的企业固定资本折旧率应为10%左右。所以低折旧率成为大生企业发展的重大障碍。尤其是在上海、青岛等地的棉纺织业开始向细支纱生产转变时,大生仍然只能依靠原来的机器生产粗支纱。而且旧机器长期服役降低了生产效率,提高了生产耗费,加大了成本,不利于市场竞争。

企业的公积金是企业亏损时弥补资金不足的救急资金,或是用于企业扩大再生产的资金准备。一般来说,公积金的提取应该占利润的20%左右,但是大生一、二两厂的公积金提取只占利润的7.2%,即使这么一点公积金也很少用于大生一、二两厂的扩大再生产上,而被大生集团的经营者当作了发展整个集团的基金。用这些投资创办的企业不仅没能给大生两厂带来收益,反而成了需要经常填赔资金的无底洞。在外部经济环境稍有不利的情况下,大生纱厂由于没有后备力量的支持很快搁浅,被银行所接管。

其他民营企业集团也都存在这些问题。由此可见,财务制度不完善导致折旧费、公积金很难成为企业扩张的主要资金来源。

企业集团扩张的另一资金来源是股东的再投资和在“厚培厂基”口号之下的隐形利润以及企业截留的部分股息,红利。追求资本的利润最大化是资本家最原始的冲动,他们的最高目标也就是获取高额利润,从这一点上来说企业的所有者和经营者有着共同的追求。但是在利润的分割中,经营者希望能够获得更多的扩大再生产基金,主张少发股息、红利;而企业的所有者,尤其是那些出资较少的小股东则希图能够获得更多的股红。民营企业集团有一个突出的特点就是企业经营者往往拥有企业最大股权,因此,经营者和所有者之间的矛盾,常表现为大、小股东利益之间的冲突,虽然在这种冲突中,大股东依其雄厚的资本实力常占上风,但是小股本,还有一些传统意识较强的大股东,也是一种强劲的力量,对经营者实现企业扩张起着阻碍作用。

与其他几个集团领袖人物比较起来,刘鸿生更具备资本家的性质。早期的买办生涯使他对资本主义的生产、经营方式有了较为深入的了解;教会学校的学习也在一定程度上使他更易于接受西方事物。他不仅表现出对利润的强烈追求,而且所使用的方法也大都是具有资本主义规范的方法。因此在他所经营的企业集团中表现出更为浓厚的资本主义性质。然而愈是资本主义性质明显的企业,其中的封建因素也愈为明显。即使作为大权在握的经营者刘鸿生本人,有时对一些不利于企业发展的要求也只能妥协退让。作为一个资本家,刘鸿生也追逐利润最大化,他也有着不断扩张自己企业的目标,他所采取的主要方式就是把股东的股红截留下来投入到新的企业中,而把新企业的股票作为股红发给股东。

(二)从银行、钱庄中借贷资金谋求发展

中国的民营工业从未摆脱过资金短缺的困境,能够给工业提供较大资金支持的是钱庄和银行。本书第二章曾经指出中国钱庄是传统的金融机构,早在资本主义侵入之前就已存在并发挥着融资作用。外国资本主义侵入我国以后,钱庄很快与外国银行发生联系,在与外行的业务往来中,其服务范围也逐渐扩大,超出了传统范围,逐步向近代企业转化。然而钱庄作为产生于封建社会的民间金融机构,主要是为商业服务,受社会经济发展的限制,它的业务对象也很狭窄,对外放款并不是凭抵押,而是凭人情和信用。在向近代企业转化的过程中它所改变的只是服务对象的扩大,营业范围已经包括了几乎所有的实业行业,但它们的经营方式则仍

沿袭了传统方式。早期的中小型民营工业企业与钱庄往来较多，这主要是因为钱庄作为金融机构已经妇孺皆知，一般说来，企业家在积聚资金投资于工业之前，大多都与钱庄往来。投资工业以后，思维惯性和融资的习惯促使他们继续和钱庄保持联系。而且更重要的一点是钱庄的贷款不需要抵押。受传统思想熏染的企业家认为抵押借款是很丢面子事，他们非常满足于凭自己一句话或一纸手书即可获得贷款的体面。再者，钱庄细致、周到的服务也是企业家选择钱庄的原因。然而，作为一种旧式的金融机构，它在多方面已经不能适应近代经济的发展，因此，在经过一个阶段的上升之后，便逐渐衰落。

从我们考察的几个集团来看，它们在经营过程中大多数与钱庄有业务关系，尤以荣家，大生为突出。荣宗敬为了利用钱庄的贷款，对七家钱庄进行了投资，按照他的话说："我搭上一万股子，就可以用他们十万、二十万的资金。"[9]与大生纱厂有经常业务往来的恒隆钱庄对大生的信用放款每年都在三、五十万两之间，并且由于本身资力不足，又介绍其他的宁波帮钱庄对大生放款。[10]

然而对资本主义经营方式有较为深入了解的企业集团则更多地相信银行，很少与钱庄发生业务关系。如南洋和刘鸿生集团即是如此。

中国近代银行的产生并未能满足工业发展对资金的需要。由于它在组织结构，经营方式等方面大都模仿外资在华银行或外国银行，在很大程度上并不适宜于我国国情，但这只是技术性的因素。事实上阻碍银行投资于工业的最大障碍是高额公债利息和商业利润对银行资金的吸引。历届政府为了维持庞大的军事开支，无不以高利率，高折扣大发公债，很多银行的设立即是专门为了进行公债投机。商业利润高于工业利润的现实也使银行把即使不进行公债投机的资金大部分投入到流通领域,工业能够获得的支持非常有限。但是对于大型企业集团,银行业则采取支持态度,认为它们家大业大,有抵押、偿还能力,并且把主要的业务集中于它们身上。这几家企业集团都获得了银行巨额资金的贷放,荣家企业甚至就是靠借债扩张起来的。荣氏兄弟的具体做法就是以现有的企业做抵押,获得资金购进新的设备或购买破产企业。30 年代荣家企业财务已日渐困难,但它仍然举债扩充,以 40 万两购入三新纱厂,实付仅 5 万两佣金,取名申新九厂。金融业之所以愿意扶持荣老板,就是因为他所经营的是棉纱面粉这两个能赚钱的轻工业,而且荣老板手中企业多,有能力偿还。正因如此,荣氏兄弟才能够借到超过其资本的债务来挽救企业。1936 年申新负债 32,117,200 元,已超过其资本总值 28,337,590 元,负债率达 113.33%。[11]大生系统的情况亦基本如此,1922 年大生一、二厂的借入款项均已超过其资产总值,由于资不抵债终被债权人组成的维持会来经营大生。[12]

　　银行、钱庄之所以愿意借款给企业集团主要是想参加工业利润的分割。在第一次世界大战期间,民营工业的高额利润对银钱业来说是绝大的诱惑,由此他们才将部分贷款移向工业。由于社会闲散资金的匮乏,银钱两业的贷款利率居高不下,给工业企业加上了沉重的包袱,很多中小企业由于借不到资金而破产;许多较大型的企业由于借到资金而无法承受利息的重负而停业。由此可见中国金融业之弱小和落后,很难发挥扶持工业发展的作用。[13]

　　在外来资金难以指望的情况下,企业家们只好想方设法从企业内部寻找融资渠道。

（三）依靠职工储蓄与企业自办银行筹措发展资本

在资本不断的积累过程中，资本有机构成也发生着变化，固定资本所占比重越来越大，可变资本愈来愈小，然而在劳动密集型的行业中，可变资本的支出仍然为数可观，尤其是在纺织、面粉、烟草、火柴等轻工行业中更是如此。而且企业规模越大，支出的可变资本也越多。企业集团的资本家每月都要支出一大笔工资、津贴。在银根偏紧的情况下，资本家很自然地注意到这笔支出，并希望为自己所用。他们为利用这笔资金所采取的方式主要有企业内部储蓄和自办企业银行两种途径。

企业内部储蓄吸收的主要是职员和工人的存款。一般说来中高级职员的工资在维持生活开支之外，尚能有较大的余额，这部分资金是主要吸收对象；另一部分是工人的工资余额。按中国工人的工资水平，除养家活口外，不可能有剩余资金，但是资本家通过硬住规定，要求工人存一定比例的工资在厂内。除此之外，还有一部分是企业吸收的数量不多的社会游资。内部储蓄吸引资金存入的方法是提高存款利率，一般比银钱业的利率高出二厘左右，而且对存户提供一些福利性质的服务。在我们考察的几家企业集团中都有内部储蓄机构，虽然他们设立内部储蓄的具体原因各异，但都是一个目的，为了解决资金问题。

大生纱厂在初办时，张謇为筹集资金支持四处奔走而应者了了，而大生开车盈利后，银钱各行庄纷纷争先恐后地和大生发生关系不说，即是当地富户商人也把大生作为聚宝盆，争相在大生存款，甚至需有人说情才能存入。张謇对这些款项不论多少，一律高利存入，一方面为大生提供流动资金，另一方面以此为号召显示大生实力，其中不免也有张謇向世人炫耀的成分。在以后的发展中，大生一直保持着这个传统,吸收内部职工的存款和私人存款一直占流通负债的很大比重,这种存款虽然在一定程度上缓解了大生流动资金不足的困难,但高额的利息负担也使大生感到难以支持。[14]

即使处在全国经济中心上海的荣家企业也采取了企业内部储蓄的方式缓解资金缺口。当时荣氏兄弟创办同仁储蓄部的目的就是"自己吸收存款后可免受制于人,仰承金融资本家的鼻息,可节省利息支出二十万到三十万元"。[15]申新同仁储蓄部创办以后通过征询存户意见逐渐改进,存款竟超过了预期目标,最高曾达750多万元,达到了创办目的。

裕大华集团的大兴纱厂也在厂内附设了储蓄机构,吸收本厂职工和厂外各界存款。裕大华的主要创办者董事黄师让曾说:"主要股东热爱本身事业,他们所分红利个人不经营其他事业,不买黄金白银,不买外汇,不作商业投机活动,将个人多余资金,均存入公司,以支持公司事业的发展。"[16]正是由于公司职员的支持,大兴的内部存款一直是大兴纱厂自筹资金的主要来源之一。据徐治平回忆:"大兴的存款,除股东固定存单150万元外,其他存款经常达100多万元。"[17]

企业的内部储蓄无疑是一条企业筹措资金的有效途径,但它毕竟是企业附设的金融机构,只能做存款业务。有些企业家看到这条道路有利可图,就干脆由工业资本向金融资本渗透,自己创办企业银行。这里必须指出,中国工业资本家向金融业投资并非像西方国家一样由资本主义向帝国主义发展以后,工业资本和金融资本有相互融台的趋势,相互渗透是寡头资本经营的结果。在中国,与其说大型民营资本集团向金融业投资是为了相互融合以求控制银行,倒不如说是由于工业资本受金融业的盘剥太残酷,自设银行是谋取自救。当然不同的资本家设立银行的背景和目的都不相同,不过他们的主要目的还是想通过自办的银行解决资金问题。

周学熙在开滦煤矿、启新洋灰公司及华新四个纺织厂建立之后,颇感有建立银行之必要。他说:"益必先有健全之金融,而后能有大兴之实业。"[18]以周氏集团若大之实业,平时企业的营运资金及利润存储银行利息只有五、六厘,而向银行贷款却需要付一分七、八厘的利息,等于是把自己的钱存入银行,再由银行借给自己,远不如自己创办银行用款方便。因此,周学熙在他的财长任内筹建中国实业银行。1919年中国实业银行成立,遂成为周氏集团的金融调剂机构,对整个集团的发展颇有助力。[19]

刘鸿生自办银行也是深感银行盘剥太多,且融资不方便的自助措施。他曾说:"吃银行饭的人最势利,当你需要款子的时候,总是推说银根紧,不大愿意借给你,即使借给你了,因为利息高,自己所得的利润,大部分变为银行的利息,而且届期还催得紧。"[20]因此他很想创办一个自己的金融机构。1931年中国企业银行正式成立,不过刘鸿生没有周学熙那么多的银行资本,用来开业的一百万元还是用企业大楼的抵押借款。由于资金不足中国企业银行对刘氏集团的发展和资金调剂作用不是很大。

三、企业集团的资本运营和扩张方式

民营资本家在生产过程中追求的是如何获得最大的利润。民营企业由小到大,由少变多的过程就是资本家为了获得最大利润,不断选择投资领域的过程。资本的积累和积聚使他们有能力进行对自己最有利行业的投资,因此企业集团的经营范围往往表现出行业的多样性。然而这种多样性并非是任意选择的,它受着客观的经济环境和资本家的投资意向的共同影响。不过无论如何,追求企业集团获得最大利益是资本家进行投资选择的决定性因素。

从理论上说,企业集团依据其经营多样化的性质可以大致划分为几种类型:一是横向一体化经营,通常是指企业进入类似的产品或劳务的领域,为同样的或类似的顾客和市场服务。二是纵向一体化,即向与企业主导产品生产过程有密切关系的行业纵深发展,不仅可以向生产过程的前序延伸,发展原材料产品,也可以向生产过程的后序延伸,发展深加工产品和资源综合利用产品等。三是混合一体化,即跨越行业或部门,发展那些与主导产品无太大关系的产品或服务。这是现代集团理论对目前组织状况的总结。事实上,在我国近代民营工业集团中这几种经营方式早已出现,他们也大致是按照这几种方式进行扩张的。

(一)横向一体化的扩张

进行横向一体化扩张的有荣氏集团和简氏集团。

从总体上看荣氏集团经营的是面粉和棉纺织两个行业的企业,它应该是属于综合型的扩张形式,但是由于扩张行业的简单,我们更愿意将其看成两个平行行业的横向一体化的集团。荣氏兄弟进行横向一体化经营。既有其远因,也有其近因。早在兄弟俩决定投资工业方向时,他们已经注意到自己经营的钱庄中,往来最多的是棉麦款项,而且荣德生在做厘差账房时已了解到面粉输往通商口岸免征关税。因此,荣氏兄弟一入手工业便投资于面粉生产。由于小心谨慎,逐渐积累了一些经验,加上当时有利的经济环境,粉厂很快发展为茂新四厂和福新八厂,在同一行业内进行横向拓展。但是,荣氏兄弟初办纱厂并不顺利,先因天灾人祸亏累不訾,所投资的振新纱厂半年就亏损40万元,生产无法进行。在这种情况下荣宗敬出任董事长,荣德生任经理。荣德生就职后对材料、账房、生产各个环节进行调查、清理、核实，并且到棉花产地、花行等地了解收购棉花的情况，力求整个过程注意节约开支，降低成本。几个月后企业生产逐渐走上正规，开始获利。荣氏兄弟使振新扭亏为盈，坚定了投资纱厂的信心。而且由于对生产经营环节的深入了解，也使他们感到经营纱厂有较大的把握。因此与振新股东决裂后，毅然决定自办纱厂，并把厂址选在了上海。1915年底，申新一厂正式开工。荣氏兄弟利用在大战期间申新一厂获得的厚利，积极进行扩张，1919年已经扩张到申新四厂，原来的几个工厂也都进行了扩建。到1934年申新纱厂已发展到9个工厂。

横向一体化的扩张给荣氏企业的生产经营带来了很大的优势。首先体现在原料采购上，由于荣家需要的原料数量巨大，都是在产地通过分庄购买。原料价格通常都由荣氏分庄操纵，高低自如，使廉价原料源源不断地输进荣家；其次体现在生产过程中。因其厂多厂大，随时可以调整产品的型号以适应市场需求，而且可以利用最有利的设备、技术、人才的配置实行优化组合，既降低生产成本又提商产品质量；再次体现在产品的销售上。因其产品数量大，质量稳定，在市场上颇具竞争力。交易所中，粉纱都是以荣家企业的牌号作为标准产品。荣家也利用其产量优势，在交易所中上下其手进行投机，以求牟取暴利。

南洋兄弟烟草公司在扩张中，遵循的亦是横向一体化的道路。1905年简氏兄弟在香港创立"广东南洋烟草公司"，资本10万元。此乃南洋兄弟烟草公司之始基。以后随着业务的增加，香港的制造厂规模也不断扩大，1919年当销售业务在上海奠定基础之后，又设立了沪厂，不久将总公司也迁往上海。南洋在营业最盛时，在香港、上海、浦东、沈阳、汉口都设有卷烟厂，几乎在全国所有的大城市都设有分公司，其代理商更是遍布全国各地。简氏兄弟在卷烟业通过自设工厂实现了横向一体化的经营。

这里必须指出一点,我们把荣氏企业和简氏企业归纳为横向一体化是从其生产过程着眼的,它们各自的主要品是相同的或类似的。从史料中我们不难看到,荣、简两家为了更好地进行生产也建立、投资了一些辅助企业,如荣家有制造修理纱机、布机、面机的公益铁工厂,南洋曾投资于康元制罐厂、民丰造纸厂等企业,似乎有一些纵向一体化的迹象。事实上与其生产的主体资本比较起来,这些辅助企业的投资只占非常小的比例,尽管它们在帮助生产上起到了不可忽视的作用,但毕竟不是资本家经营的主要范围。另外,这两家集团自设的原料采购机构和产品销售机构也容易使人产生纵向一本化的联想。与其这样认为,不如将其视为中国民营企业特有的现象。在中国特定的市场条件下,企业家历来重视原料采购和产品推销,他们自设机构是由于商人盘剥太甚的结果,自设机构勿宁说是一种保护措施。

(二)纵向一体化的扩张方式

民营工业企业集团的纵向一体化扩张主要体现在内地的一些集团,以及对中国来说是新兴工业的产业上。内地集团之所以多为纵向一体化集团,主要是由于中国工业发展的不平衡,在内地缺乏任何基础工业的支撑,也就是说,在内地创办一个规模稍大的近代企业,必须自行解决与工厂配套的基础设施,如供电、供水设备,原料、燃料,产品的运输等。可以看出,在通商都市以外地区创立的近代企业都有纵向一体化的痕迹。

新兴行业的工业企业集团在生产过程中也大都采取了纵向一体化的扩张方式。这主要是因为我国工业基础薄弱,行业发展不平衡造成的。近代中国的企业家投资的重点是投资少、见效快、资本有机构成低的行业,而像机器制造、原材料、燃料生产这样的基础重工业,投资大,见效慢,民营企业既没有能力,也不愿意投资。因此也就决定了不仅新兴产业,某些老产业部门如面粉纺织等行业的机器设备要么从国外进口,要么只有企业自己制造。新兴产业中纵向一体化较为明显的行业是化学工业。范旭东和吴蕴初是中国化学工业起步阶段的企业巨子,号称"南吴北范",他们在化工产业集团组织上都有较明显的纵向一体化的倾向。[21]

吴蕴初是中国日用化学工业的先导。[22]1923年吴蕴初研究了日本产的"味之素",获得了制造味精的诀窍,于是与人合伙开办了天厨味精厂,这是其事业发展的开始。由于天厨所产佛手牌味精质优价廉,市场上供不应求,吴蕴初不断扩大再生产,1927年达到每天生产1600磅的产量。产量的扩大使原料供应变得紧张,生产味精用的原料盐酸原来采用的都是日本产品,质量既差,供货又不及时。于是,吴蕴初便决定自办天原电化厂,自产原料供应天厨味精厂。由于天原化工厂的产品质量上乘,不仅满足了味精厂的需要,而且上市后在一定程度上替代了日本和英国卜内门公司的产品。天原化工厂在生产盐酸、漂白粉和烧碱的过程中,有大量的废气可以利用,能够生产硝酸。于是吴蕴初又从美国、法国引进了设备,利用废气生产硝酸、安摩尼亚及铵盐等化工产品。

虽然化工设备主要依赖从国外进口,但是只要能自己解决的,吴蕴初都设法自己生产。中国陶瓷业历史虽然悠久,但却没有一家陶瓷企业能生产盛装盐酸的合格容器。为此,吴蕴初每年要花很多外汇购买陶器。为了节省这笔开支,他决定自行研制特种陶器,经过多次试验后,获得成功,由此创建了天盛陶器厂,其产品质量不亚于外国产品。1935年,吴蕴初已经拥有包括天厨、天原、天利、天盛四个紧密联结的企业,成为一个化工集团。

我国基础化工产业的创始人范旭东,在创办"永久黄"集团的过程中,遵循的基本上也是一条纵向一体化的扩张方式。[23]从产品结构上看,范旭东先创立了久大精盐公司,然后又利用盐为原料制碱,最后在此基础上又建立了硫酸铔厂,形成一个拥有酸、碱、盐综合研究生产能力的"永久黄"集团。

(三)混合一体化的扩展方式

周学熙和刘鸿生两集团是混合一体化扩张的典型。

周学熙的设厂动机使周氏集团企业分布于不同的行业,呈现出混合一体化的状态。周学熙前两个重要实业启新洋灰公司和滦州矿务公司的创办实是与其政治生涯有关。周在投身实业前已经在清政府具有一定的政治地位,创办实业一直是他的政治抱负。在直隶工艺局总办任内,已经掀起过天津创办实业的高潮,以后又逐渐转向自办实业。创办启新洋灰公司是他与帝国主义进行斗争的手段,1907年成立的滦矿公司原本是官商合办的官矿公司,它的成立也是企图达到"以滦制开"、"以滦收开"的与帝国主义控制下的开平矿斗争的政治目的。这一目的在开平的剧烈竞争下不仅没能达到反而与开平进行了联营。1915年周学熙再任财长时,看到在大战期间棉纺织业有利可图,又创办了华新纺织有限公司。此时的周学熙仍然没有摆脱依赖官方创办实业的思想,以官四商六的比例募集华新的股份。但是袁世凯帝制的失败宣告了周学熙依靠政治办实业,以实业巩固政治地位希望的破灭。1918年5月,曹汝霖任财长时企图将华新掠为官办,消息传来,华新股东连夜开会,决定立即集股,将华新全部转为商办。周氏集团的另一重要企业耀华玻璃公司是中比合资企业。周学熙投资耀华也并非有意之。它的成立是由于滦矿的总经理那森在比国考察时看到佛克玻璃制造法,制法精巧,品质优良,如在中国设厂制造,定能获取厚利,正巧此时滦矿的股利特别高,年息在70%以上,股东恐分利太多世人嫉殚,宁愿投资设厂。因此那森回中国后一拍即合,成立了耀华玻璃公司,资本120万元,中比各半。

从周学熙集团的发展来看,集团内部企业的行业关联性不是很大,创办企业抵制外资企业、实业救国的想法倒是随处可见,也成为集团扩张的一条主线。当然我们也不否认,周学熙创办企业有其自身的政治考虑,希望依托自己的政治优势来办企业,利用自己的经济优势以为政治奥援,在政界、商界笼络自己的势力。这也使周学熙集团在资本来源、企业的经营管理等方面具有很强的官办色彩,也是当时企业发展的一个典型模式。

当周学熙投资滦矿已成为开滦公司的老板时,作为开滦煤矿买办刘鸿生的事业才刚起步。由于第一次大战的有利时机,刘鸿生在煤炭运销中大发其财,不到30岁已经成为名满上海滩的百万富翁。刘鸿生投资工业的机缘是偶然的。他最先经营的鸿生火柴厂是因为他的老岳父是火柴厂老板,加上当时河南一带闹水灾,灾民需要赈济,刘鸿生从上海招募了150余名灾童到厂来,既解决了工厂劳动力问题,又赈济了灾民。[24]鸿生火柴公司的初期经营并不顺利,由于资本少、技术落后,加上同行的剧烈竞争,头几年连年亏折。在办火柴业的同时,刘鸿生又投资水泥业。1920年12月,华商上海水泥公司成立,资本100万元,刘鸿生投资占全部股额的一半以上。[25]刘鸿生投资水泥业有他自己的考虑,首先是国内水泥业供应不足需要,而且消费量不断增长,建厂以后市场不成问题。而且水泥是笨重物品,运费高昂,在上海建厂就地销售,可以提高竞争力。其次,水泥的原料中煤炭占很大比重,刘鸿生仍然在代销开滦的煤炭,不怕原料不继。有此有利条件,创建水泥厂顺理成章,于是水泥厂也办起来了。煤球厂的设立也主要是因为刘鸿生为他经销的安南鸿基白煤煤屑找销路,从 1927 年到 1929 年 3 年中设立了 3 个煤球厂,共投资 361868.37 元。章华毛纺织厂的建立是刘鸿生经营码头业的捎带。1926 年,刘鸿生在购买日晖港地产时,同时买下了原场地上的中国第一毛纺厂。他把日晖港售给开滦矿务局之后,将原厂的机械设备拆迁到浦东周家渡,成为章华毛绒纺织厂。刘鸿生还曾投资创办了中华搪瓷厂。除工业投资外,刘鸿生在煤矿、运输、码头、堆栈、金融方面也都广泛投资,刘鸿生集团是一个包容了跨行业、跨部门的十多个企业组成的庞大的混合一体化资本集团。

企业扩张是资本追逐剩余价值的内在需求,只要有可能,资本家总是寻找任何可以利用的优势和手段扩大自己的产业。企业扩张的方式反映的很多是资本家的个性特点,同时与企业的行业、地域、原料来源和销售市场有很大关联,由此而呈现出横向、纵向、混合一体化等多种扩张模式。一句话,扩张模式的选定是当时社会经济环境的影响,是历史发展的必然。因此,我们很难断定哪种方式的优劣。资本家是精明而理性的,他们对自己企业扩张的考虑可能不会上升为理论的总结,但对利益的直觉、对市场的敏感、对企业的执着是任何局外人没有办法做到的,他们所选择的方式一定是在当时他们的认知条件下最为适合的方式。但是,主观认识必须要符合客观现实的需要才能生存和发展,由于资本家在进行产业选择时并没有进行详细的可行性论证,有些甚至就是凭一时的感觉就投资建厂,不可避免地产生扩张的盲目性,所以,有些企业的投资并不成功,严重的甚至拖累了整个集团。这些经验教训应该是当代企业经营管理者应该深入研究和吸收的。

（四）企业集团的扩张手段：租、买、建

资本家是人格化的资本。资本具有着增殖的内在冲动。为了获得更多的利润，资本家总是不断地进行扩大再生产，一方面在原有企业中增加投资，另一方面又通过新建企业扩大经营规模。中国的民营资本家也进行着同样的资本扩张，不过由于社会经济环境的不同，表现出与西方资本主义国家不同的扩张手段。民营企业集团一般采用租、买、建三种手段进行扩张。

1、租和买。

租赁就是把那些经营不善或业主不愿经营的企业用一定量的资金租用一定时期的经营权。在租赁期间，企业的盈亏由承租者负担，出租者只收取租金。租赁往往是购买的前奏，当原企业主对再收回企业自办失去信心时，常常将企业出售给承租者。近代民营企业大多数规模小，资金匮乏，经营管理混乱，尤其是在企业初办时，往往只看到设立企业的有利条件和其他厂家的优厚利润，却很少考虑自己企业生存的具体问题，一旦市场竞争加剧或社会经济环境稍有变化，这些企业更加难以支撑。这就为资金情况有相对优势的企业集团提供了租赁或购买的可能。租买亏累企业对有一定资力但资本并不十分充裕的企业集团是有诸多好处的，例如租买企业可以节约建厂时间，企业接手后可立即开工生产；可以减少招聘、培训工人的费用；能够通过工厂易主压低工人工资，解雇技术差的工人；还可以减少竞争对手，增强自身实力，等等。一般说来，被租买的企业亏损的原因主要是经营管理不善，租买者接手以后只要对经营管理加以整顿，企业大都会扭亏为盈。而且企业在出租、出卖时，往往是因为资金周转困难或不堪负债而被迫出手的，租金购价都很低，这对租买者来说极为有利。因此租买企业是

企业集团扩张的主要手段之一。1921—1931年,第一次世界大战造成的短暂繁荣过后,市面转向疲软时,很多企业无法维持,荣氏兄弟便趁机大事扩充,1931年申新系统全部纱锭中自建部分占49.6%,租买部分占51.4%,租买扩张已经成为集团扩张的主要方式。[26]南洋兄弟为了满足市场需要也一度在沈阳租用辽宁烟草公司烟厂进行生产,1929年上海总、分厂停工时也委托过中原、三友、新民、新华等厂代为卷制以满足消费者需要。[27]

租赁和购买旧企业存在一些问题,如租买厂中的债权债务比较复杂、机器设备陈旧、机械保养差等等,一旦失察不但捡不了便宜反而成为集团的累赘。

2. 新建企业

租赁和购买旧企业受着地域的限制,比如在经济发达地区,尤其是全国的经济中心上海,企业的建立和破产随时都在发生着,可以为企业集团租买企业提供条件,而在经济不发达的地区,原本就没有近代大生产方式的企业建立,也就没有企业可以租买,企业集团只有依靠自己的力量去创建企业。位处内地的几个集团如大生集团、周学熙集团和裕大华集团都少有租办企业的记录,他们所有的近代企业大都是自己创立的。

自建企业,尤其是在内地建立近代企业是一项开拓性事业。他们在内地需要克服经济发达地区难以想象的创业艰难,但是他们也获得了大都市意想不到的优势。设在内地的企业如周学熙华新天津厂、青岛厂、唐山厂、卫辉厂,四厂初办之时,天津仅有官办模范纺织厂五千锭;华新青岛、唐山厂都是当地第一家棉纺织厂。汲县是河南省一个普通的小县城,在卫辉设厂是几个大股东在自己的家乡为乡里造福之举,所有的机械、物料、燃料都要取自于外地。从经营状况来看,华新四厂总的来说比在上海的民营纺织业为优,如青岛四厂18年的平均股息为6厘,而且120万元的资本到1936年时,仅固定资产就有500万元。裕大华集团在内地设立纺织厂也获得了巨大成功。虽然大兴厂在石家庄初建时筚路蓝缕,备尝艰辛,但它所获得的优厚利润也是大城市中的同业望尘莫及的。

1923 年—1930 年裕华、大兴、申新四厂、八厂盈利额比较表　金额单位:两

年份	裕华 (武汉)	大兴 (石家庄)	申新四厂 (武汉)	申新八厂 (上海)
每年平均 1923—1926	562336	536868.75	− 107744	67415.5 (1926 年数字)
1927	− 128824	566795	− 286289	105200.3
1928	62543	761768	132841	181770
1929	780246	624642	150155	436335.6
1930	469818	552197	− 79163	− 193968.3
合计	3433127	4652877	− 513432	596753

资料来源,据《荣家企业史料》(上)附表和《大兴纱厂史稿》第60页表计算。为单位统一,《荣家企业史料》表中的元×0.73 转换为两。需要指出的是,大兴在这几家企业中,是纱锭最少的一家。

由此可见,民营企业在内地设厂有着光明的前景。然而这只是和平时期如此,一旦军阀混战,首先受到骚扰的就是这些企业,不仅生产难以正常进行,而且还常被敲诈勒索。

综上所述我们不难看出,近代企业集团在扩张过程中表现出对资本利润强烈追求的本性。绝大部分集团在扩张中并没有计划。只要手中有资本积累,甚至没有积累,用借贷的方式也要向他们认为最有利的生产领域进行投资。他们所追求的是一种规模无限扩大的企业集团,这也在社会环境不稳定的情况下,资本家不得不通过增加自己的实力来实现自我保护的心态。

四、企业集团的理论规模

(一)企业本质

1937 年科斯的《企业的性质》一文对企业本质做出了接受范围最为广泛的定义。科斯认为,资源配置受两个协调者的作用。一是价格机制,一是企业组织。传统经济学侧重于对价格机制调整资源配置的分析,认为市场是调节经济运作的有效手段。阿瑟·索尔特认为:"正常的经济体制自行运行。它的日常运行不在集中控制之下,它不需要中央的监督,就人类活动和人类需要的整个领域而盲,供给根据需求而调整,生产根据消费而调整,这个过程是自动的、有弹性的和反应灵敏的。"[28]

然而,市场对经济运行的协调和组织并非完全是自动的,也就是说,"利用价格机制是有成本的。通过价格机制'组织'生产的最明显的成本就是所有发现相对价格的工作。"[29]人们在组织生产的时候,要寻找与自身发生前后向关系的交易对象,搜寻对象需要支付费用,找到对象以后,还要通过艰苦的谈判才能达成协定,签订契约,这也需要支付费用;契约订立以后,为了监督契约的实施也要支付一定的费用。交易愈频繁,支付的费用越多。于是,人们为了较为稳定地实现交易如获得某种物品或劳务,往往希望签订长期契约,这样一系列短期契约的费用就可以节省下来。但是由于经济的不确定性带来的预测困难,契约越长,实现的可能性越少。这又使长期契约的签订成为困难。

资源配置的另一协调者是企业。作为经济学研究的重要对象,经济学家对企业的资源配置能力已进行了精辟的论述。"马歇尔把组织作为第四种生产要素引入经济学理论;J·B·克拉克赋予企业家以统筹职能;奈特教授强调了组织的协调作用"。[30]企业对资源的配置是通过计划进行的,计划的制订和实施也需要费用。它主要表现在以下几个方面:a. 对企业组织的协调费用。企业的运转需要一个合理的组织机构,组织越大,费用也越多。b. 信息处理费用。企业的决策、计划依靠对信息的收集和准确的判断。对信息加工也需要费用。c. 随着企业规模的扩大,企业家组织指挥的生产能力有限,很难对生产要素进行最佳配置,对生产要素的不断调整也需要费用。总之,企业管理是需要花费成本的。

从一定意义上来说,企业和市场在进行资源配置时的职能是可以相互替代的。当市场交易成本过高时,生产者可以通过组织企业把市场交易内部化,减少交易成本支出;当企业规模过大,管理成本超过市场交易成本时,生产者可以转而向市场获取他需要的物品或劳务。可见企业的扩张受到管理成本的限制。科斯认为:"企业将倾向于扩张直到在企业内部组织一笔额外交易的成本,等于通过在公开市场上完成同一笔交易的成本或在另一个企业中组织同样交易的成本为止。"[31]因此,仅从企业方面来看,企业扩张的最大规模应该在管理成本等于在市场中交易所节约的交易成本时。不过这很难说是企业的最佳规模。

科斯虽然在理论上为我们提供了企业扩大的最大可能,我们称之为"科斯均衡点",但这种理论在实际运用中是极其困难的,其主要原因是交易成本包含的内容是极为庞杂且不稳定,以至于到了不可计算的程度。同样企业管理成本的计算也没有固定的函数,它不仅包括直接管理费用,而且应该也包括管理失误带来的损失,在无法进行预测的情况下,我们很难确定管理成本的大小。因此,由于无法对管理成本和交易成本进行比较,"科斯均衡点"只能是一个理论上的存在。

2. 企业集团

企业集团从最简单的意义上说就是企业的组合。科斯对企业性质的分折也适用于企业集团。但是必须指出企业集团的组织和企业组织毕竟有很大的差异,企业集团内部企业之间的关系不完全等同于企业内部各职能部门之间的关系,因此这种理论的适用性也需要附加一些前提条件。

从企业集团内部来看,企业大都是自负盈亏,独立核算,企业之间劳务和物品的交换依据市场交易原则进行,但并不完全依据市场价格计算。也就是说在企业集团内部,市场对资源配置的职能并没完全消失而转化为企业集团的内部职能。

当企业向企业集团扩张时,管理成本有减少的可能。原有企业已经提供的有效管理方式减少了被兼并企业进行管理设计、探索市场需要支付的费用。包括管理人才的培训和搜寻花费的费用,都可以由原企业提供有经验的管理人员充任而节省。对原企业来说新企业的有些成本不过是增加了原企业的一些任务,如信息搜寻、市场探索等。诸如此类由原企业提供的管理方式、人员都可以降低管理成本。而且,一般说来,企业规模越大,经营者越注意企业管理水平的提高,由管理不善而造成的损失可以大大减少。因此从这一方面来看。企业集团规模有无限扩大的趋向。但是另一方而,随着集团规模的扩大,企业管理成本也在不断增加。如随管理人员增加而增加的工资开支、集团内部的协调费用、管理决策的失误带来的损失远较单个企业为大等。由于集团规摸扩大形成

的管理成本的增减因素是一个复杂问题,我们难以据此做出管理
成本随企业集团规模扩大而单位产品边际管理成本增加的结论。
因此,扩张与否需要针对不同的集团而论。

按照新制度学派的解释,交易费用主要是指信息搜寻、契约谈
判和监督契约实施等方面的费用。随着企业集团规模的扩大,企
业内部需要签订的契约也就越少。企业交易成本的节约也就越
多。在这种情况下,生产者非常愿意进行企业扩张,尤其是扩张并
不导致管理成本明显增长时,企业集团的规模就会迅速扩大。资
本主义企业的发展史恰恰说明了这一点,垄断现象的出现就是企
业集团规模扩大的直接体现。

3.近代中国企业集团的规模

按照科斯提供的思路,我们对近代中国的企业集团的规模作
一考察。但是理论和现实总是有很大的差距,尤其是西方的理论
和中国的现实之间差距更大。

近代中国市场调节资源配置的能力受到很大限制,其主要原
因是通过市场进行资源配置的交易成本过高。这主要是由中国近
代的社会经济环境造成的。在正常的资本主义形态下,市场交易
受到政府、法律的严格保护,经济调节起着决定性的作用。中国政
权的分离和权力的分割造成的区域自治,以政治权力限制、代替了
经济调节的作用;法制的不健全和法律执行的困难增加了交易的
不确定性,使交易费用无法预测。在这种情况下,企业宁愿减少市
场交易。

管理水平的提高意味着管理成本的降低。近代中国企业自创
立以来大多采用的是传统的手工工场的管理方式,指挥生产的随
意性很大,由资源配置不合理造成的损失很大。随着企业规模的
扩大和西方管理理论的传入,大中型企业首先吸收了西方经验,改

造了原来的管理体制,提高了管理效率,使资源配置趋于合理。经过管理体制改革,管理成本有降低的趋势。

综上所述,中国特殊的经济环境使市场交易成本扩大,而管理成本日趋减少,因此在企业家身上则表现为追求企业规模无限制扩大的趋势。几个著名的企业集团如周学熙、张謇、荣家、南洋、刘鸿生、裕大华等都是在极力谋求规模的扩大。当然在扩张中,大多数都出现过亏损的年度,但是这种亏损并不是由于集团规模扩大引起的管理成本的增加造成的,相反,集团规模的扩大倒是为其自身发展提供了单个企业难以获得的有利条件。

大型企业集团至少可以获得以下几个方面的好处:一是在原料购买和产品销售中由于数量巨大,在激烈的竞争中占据着压倒的优势。对竞争对手既可以降价压制,也可以集中拳头产品给对手以致命打击。二是大规模企业可以提高劳动生产率。三是大型企业的领袖具有较高的社会地位,可以利用自己的影响为企业谋取利益。等等。

从理论上说,与一般企业相比,企业集团因将许多市场交易行为内部化,交易费用有很大节省;而因为企业集团规模较大,企业管理难度也相应加大,所以管理费用也会增长。那么企业集团的生产经营与一般企业相比情况到底如何呢? 我们可以采用实证分析的方法作一些探讨。

我们可以探究一下纺织业的情况,以荣家集团的纺织工业与全国的平均水平作一比较。

华日纱厂纺制 20 支纱之每包成本比较（1932 年—1935 年平均）

成本	华商(元)	日商(元)	华商超过日商(元)	华商超过日商%
工资	10.50	5.80	4.70	81
动力	5.50	4.80	0.70	15
机械修配	1.80	0.60	1.20	200
营缮	0.40	0.40	－	－
消耗品	1.70	0.50	1.20	240
包装	1.50	1.20	0.30	25
薪金	1.20	0.60	0.60	100
职工保护费	0.20	0.50	－ 0.30	－ 60
运输	0.20	0.20	——	－
营业	2.50	2.00	0.50	25
捐税及利息	15.00	2.70	12.30	446
保险	0.20	0.10	0.10	100
制造及营业杂费	3.00	1.00	2.00	200
总成本	43.70	20.40	23.30	114

　　资料来源:《纺织周刊》5 卷 15 期第 400 页。引自严中平《中国棉纺史稿》,科学出版社,1963 年,第 203 页。

申新八厂与日本在华纱纺制 20 支纱之每件工缴成本的比较（1935 年）

项目	申新八厂 (20 支红、蓝人钟)		日本在华纱厂 (20 支纱)		申新八厂较日厂增（＋）减（－）的%
	每件费用（元）	%	每件费用（元）	%	
工资	8.38	28.9	5.80	24.4	＋44.5
动力	3.88	13.4	4.80	23.5	－19.2
营缮	0.35	1.2	0.40	2.0	－12.5
物料	2.55	8.8	1.70	8.3	＋50.0
薪金	0.65	2.2	0.60	3.0	＋8.3
职工保护	0.26	0.9	0.50	2.5	－48.0
保险	0.24	0.8	0.10	0.5	＋140.0
利息	8.43	29.0	2.70	13.2	＋212.2
其他	4.30	14.8	3.80	18.6	＋13.2
合计	29.04	100.0	20.40	100.0	＋42.4

资料来源：《荣家企业史料》（上），第 535 页。

　　这里把日商纱厂列在表中主要是作为参照厂家。从表中看，荣氏集团与全国纱厂对比的项目并不一致，但是两表中的日商纱厂成本都是 20.40 元，以此为据，我们断定这两表具有一定的可比性。

　　从表中可以看出，以每件棉纱的总成本来看，华商厂平均为 43.70 元，而申新八厂为 29.40 元，华南纱厂要比申新八厂的成本高出 50% 左右。

　　那么这 50% 到底高出在哪里呢？表中较为明显的是：一是利

息。华商厂利息为 15 元。申新八厂的利息为 8.43 元,高出 77.93%。二是工资。申新八厂付出的工资较少,应是劳动生产率较高,生产设备较好的缘故。由此每件纱可节省工资成本 2.12 元。

事实上利息的重负是中国企业的通弊。表中可见,日商纱厂的利息每件纱只有 2.70 元,申新八厂每件纱要多付 3.12 倍,华商厂要付 5.56 倍的利息。日商纱厂的工资成本也远较华商纱厂节约。

如果表中薪金数额代表管理人员的工资,那么可由此来反映出企业的管理费用情况。表中可见,申新八厂的薪金支出为 0.60元。而华商厂为 1.20 元,管理费用比一般企业节约近一倍,而直逼日商纱厂。据此,我们是否可以推断,企业集团的管理水平远高于一般企业,而接近于外资企业。那么,由企业扩张事实上并没有造成管理成本的增加,而总的交易成本却下降许多。也就是说,在旧中国,荣家企业的纺织集团仍然有扩大规模的余地,而且规模经营确实已给集团中的企业带来了莫大的好处。

注　释

1　郭道扬:《会计发展史纲》,北京:中央广播电视大学出版社,1984 年,第 385 页。

2　3　汉斯·豪斯赫尔著,王庆余译:《近代经济史》,北京:商务印书馆,1987 年,第46—47、38 页。

4　关于中国会计发展的情况和复式记账法的源流可参见《会计史纲要》的有关章节。

5　陈争平博士论文(油印本)第 23 页,关于中国资本积累与国际收支的关系,陈争平博士在他的学位论文里进行了详尽的阐述。

6　吴承明:《中国资本主义与国内市场》,北京:中国社会科学出版社,1985 年,第275 页。

7　12　14　《大生系统企业史》编写组:《大生系统企业史》,南京:江苏古籍出版社,第130、220、221、223 页。

8　南通市档案馆编:《大生企业系统档案选编》,南京:南京大学出版社,1987年,第13页。

9　11　15　26　上海社会科学院经济研究所编:《荣家企业史料》(上)上海:上海人民出版社,1962年,第553、540、277、268页。

10　中国人民银行上海市分行编:《上海钱庄史料》,上海:上海人民出版社,1960年,第171页。

13　银行与工业的关系,李紫翔有详细论述,参见陈真编:《中国近代工业史资料》(4),第753—772页。

16　17　杨俊科、梁勇:《大兴纱厂史稿》,北京:中国展望出版社,1990年,第42页。

18　郝庆元:《周学熙传》,第233页。

19　《天津文史资料》第1辑,第54页。

20　上海社会科学院经济研究所编:《刘鸿生企业史料》(上),上海:上海人民出版社,1981年,第288—291页。

21　在第二章叙述本书选定的六家企业集团时并无南吴北范两集团。但化学工业也是中国近代工业的重要组成部分,其独特的企业扩张形式也比较具有典型意义,所以在此加以叙述。以后一些章节里对选定的六个企业集团之外的企业也有讨论,甚至有些内容涉及到航运业。不受企业范围的局限应该更有益于说明问题。

22　关于吴蕴初集团的情况可参见:《中国企业家列传》(一),经济日报出版社,1988年;上海市文史资料委员会编:《上海人物史料》等相关内容。

23　关于范旭东集团的详细材料可参见张同义:《范旭东传》,湖南人民出版社,1987年版;《化工先导范旭东》,中国文史出版社,1987年,《文史资料选辑》第80辑等有关部分。

24　25　上海社会科学院经济研究所编:《刘鸿生企业史料》(上),上海:上海人民出版社,1981年,第81、163页。

27　中国科学院上海经济研究所:《南洋兄弟烟草公司史料》,上海:上海人民出版社,1960年,第179、164页。

28　29　30　31　(美)罗纳德·H.科斯著,盛洪、陈郁译:《企业、市场与法律》,上海:格致出版社,2014年,第2、6、10页。

第六章

影响企业集团发展的社会力量

中国近代民营企业集团并非孤立于世界而存在,他们是生长在中国社会经济背景之中的实体,每一个显著的社会变化都会在这些集团身上体现出来。为了更全面的了解企业集团的社会性,我们来研究一下社会经济环境的变化对企业集团的影响。这里需要说明的是,民营企业集团是民营企业的一个组成部分,在大多数的情况下进行的分析是以民营企业为对象的,这样的分析更具有普遍性的意义。同时,在有些地方强调了对企业集团的特殊作用,作为企业集团来说,它们所折射的社会影响更具有典型意义。

众所周知,按照马克思主义经济学的观点,社会发展的变革是由生产力的进步引起的,生产力发展导致了生产方式的转变,产生了新的社会组织,打破了原有生产关系的平衡状态,产生了新的生产关系,适应生产力的发展,推动了社会进步。这一基本原理反映在中国社会发展形态上同样使用,同时也显现出中国独有的特点。

中国社会的变革很大程度上是由于外国资本主义列强的侵入导致的。外国列强的侵入打破了中国传统社会发展的轨迹,在政治、经济、文化、意识形态等各个方面都产生了深深的烙印。从生产方式来看,外国资本主义的侵入带来了先进的机器生产方式和生产组织形式,促进了中国近代企业的产生和发展;从生产关系来看,新的生产方式促成了新的社会阶层的产生,由此而产生的政府组成形式和政府性质都在向不完全的资本主义方式演进;在文化和意识形态方面的影响也是显而易见的,政治制度、法律规定甚至社会习俗都随着列强的侵入发生了很大变化。如果仅仅从社会形态进步的角度看,先进社会形态对落后社会形态的入侵,会加快原来社会演化的进程,促进社会的进步。但是受经济利益或者说国家利益驱动的外国列强所关注的是最大限度地榨取中国人民的财富,没有任何推动中国社会进步的主观考虑。所以如果说中国社会由于外国列强的侵略而产生一些形式上的进步,那也是被动适应的客观结果,或是中国的爱国志士主动向先进的政治、经济、文化制度学习的结果。随着外国列强在华势力的增加,中国社会经济发展受其影响的程度不断加大。

但是必须要指出的是,外国列强对中国的影响虽然巨大,却并没有达到破坏整个传统社会经济基础的程度。中国的政治体制、经济结构无论是被动改造还是主动学习所发生的改变只是非常表面化的现象。具有数千年传统文化积淀的中国人要改变自己熟悉的思想意识、价值观念、生活习惯、处世方式,一句话,要改变中国的传统文化精神非常困难。事实上,在很大程度上,中国人对外国的生产、生活方式采取了包容和改造的方式。中国人能够很快地为传入中国的新式的东西找到中国化的改造路径,使它最终看起来还是中国式的。

中国的近代企业就是植根于这样的土壤之上,社会经济环境的各个层面对企业的生存和发展都有影响,而且来自传统文化观念、思想意识的那种细致入微、无处不在的影响要更加深刻。

一、政府对企业发展的影响

(一)政府与企业的关系

众多的经济学家都对政府对经济的作用进行了深入研究,由于研究角度各异,得出的结论也难相同。但无论那一派都没有忽视政府的作用,古典经济学的鼻祖亚当·斯密尽管全力主张实行自由经济,但仍然没有忘记政府这个"守夜人"。在道格拉斯·诺思论述国家(我理解为是政府的同义词)与经济组织的关系时,也是把国家作为交易的保护者来看待,不同的是他对国家的作用,进行了较为详细的分析,并从另一个侧面研究了政府影响经济发展的原因。[1]

政府的产生从纯经济意义上来说是降低了交易费用。在无组织的生产者之间的交易中,交易费用有着无限扩大的趋势。在交易中需要对产品的价格进行磋商,对产品的质量进行检验,大批量的交易需要订立契约,这就需要更复杂的谈判。契约签订以后,还必须保证对方能够忠实履约,还要支付一笔监督费用。如果生产者的每一笔交易都需要经过这么一个复杂的过程,就表现为交易的无效率,生产则难以进行。从单纯的经济意义上来说,生产者之间的交易发展到一定程度,就需要一个权威机构来帮助、维护交易的正常进行,政府也即由此产生。政府为正常交易提供了基础。作为一个权威机构,他为生产者提供一些公共产品性的规则,以减少交易费用。诺思认为,这些规则包括:a.关于统一的度量衡的说明。度量衡的统一标准使交易双方可以避免数量不等方面的交涉。其实从历史上看我国统一度量衡促进经济发展的事实是很多的。古代的如秦始皇吞并六国后,统一了度量衡制,减少了交易的区域性限制。近代货币统一进行了多次，范围越大的统一，对促进经济发展的作用越明显。反观之，由于度量衡不统一造成的交易不便确实障碍了我国经济的发展。例如，各地对土地面积的计算单位，对银两的计算方式等等千奇百怪，极为复杂，以至于到了非有专职人员不能进行的地步。b. 法律、政策的制定。为了使交易顺利进行，必须采行一种大家公认的交易原则，符合这种原则的交易受到法律的保护，违背原则的则受到法律的惩处。政策与法律相比具有更大的灵活性，在鼓励和限制某项交易活动时起着更为主动的作用。法律、政策保证生产者都在平等的基础上进行交易，对欺骗行为已不必花费生产者的费用进行惩戒，法律使生产者这方面的开支大为降低。c. 刺激生产和贸易的产权界定。资本主义比封建社会最大的进步就在于确立了"私有财产神圣不可侵犯"的社会信条。产权明确，生产者的积极性才能够调动起来，资本家对利润的追求也是建立在产权明确界定的基础之上。[2]

既然政府作为一个必需的权力机构，它就需要享用政府资源以被保护或维护者——主要是生产单位，提供一定的费用来支持政府的运转。现代社会中企业是主要的生产单位。企业需要政府的保护所以要出资维持政府，政府用提供公共产品性的原则来保护企业，所以有收取费用的资格。因此企业以税收的方式向政府换取保护，是一种利益的交换。

然而政府并不是将企业的利益放在第一位，它首先考虑的是政府利益的最大化。政府并非一个抽象的存在，它是由代表不同集团利益的人士组成，他们所追求的就是使其代表的集团获得最大利益。同时，政府官员也存在着个人利益，只有政府和官员的利益得到满足以后，企业的利益才成为考虑对象。这种情况势必造成政府政策的不公正，如过重的税收，政府为了维持自己的开支，并不把企业的税收用在创造一个优良的经济环境上,而是将其用来满足自己的政治欲望上,如政治、军事费用等;如官员的腐败,个人利益的追求,导致了官员不仅偏离了维护企业利益的方向,而且也将政府目标置之不顾,把自己的位置当作谋取利益的手段,在监管不严格的政府机构中,政府官员的寻租行为随处可见。

综上所述,政府与企业既相互需要,又相互矛盾,能否正确处理二者之间的关系决定着经济的繁荣与否。那么近代的中国政府与企业的关系如何呢?

(二)近代中国政府实态

近代史和经济史的研究者主要把目光集中在社会性质的分析上,对政府职能的综合评价并不多见。由此人们也就自然将对中国社会性质的判断转化为对政府的评价。这样得出的结论固然有一定道理,却未必精确,未必能准确描画出政府性质作用变化的轨迹。我们在这里也不准备对政府的性质变化作详尽的论述,只是勾勒出大致的轮廓作为我们分析政府对企业作用的基础。

中国是政府主导型社会,官府对社会经济的影响是决定性的。政府作为政策的制定者、作为制度安排的主导者,在政府与企业的关系中居于支配地位,近代企业很少能够与政府进行博弈。因此政府是否能够充分发挥职能,制定促进企业发展的政策、法律,保护企业的合法权益,决定了企业是否能够顺利的发展。

先看清政府。鸦片战争之后,随着外国势力的侵入,清政府内部发生了分化,至19世纪60年代以后,大致可划分为主张一概排外的清流派和要求向外国学习、自强求富的洋务派。无论是哪一派,他们的出发点无不是希望清政府能够强大起来,恢复主权,独立自主地对待外国列强。洋务运动以后的清政府表现出更为开放的意识,尤其是戊戌变法中,朝廷一部分官员接受了维新思想,支持变法;然而更多的人则认为变法不合祖制,对维新变法采取观望、抵制、抗议态度。但是如果对这种不支持维新的态度一概认为是为了保住自己的官位而放弃国家利益也未必公允。清政府的官僚也有追求个人利益最大化的倾向,但是在政治争论中所体现的更多的则是知识分子忧国忧民的优良传统。事实上,这里也有一个对时局的认识和不同的政治观点问题。从清政府的结局上来看,它的灭亡是历史的必然,但这并不意味着它甘愿灭亡,它也企图采取过医治社会的良方,然而面对着巨大的自以为是的保守腐败势力,改良的方案只能是苟延残喘的药剂,并不能改变历史发展的趋势。

北洋政府面对的是一个更为混乱的社会环境。北洋军阀上台前存在的政治反对派在其上台后仍然发挥重要作用,并成为威胁政府统治的力量。袁世凯的倒行逆施显然是北洋政府信誉大跌的主要原因。由于袁生前没有解决好派系之间的矛盾,北洋政府各个派系貌合神离,各军阀之间为了维护自己集团利益的最大化不惜诉诸武力。军阀混战给国民经济带来了空前的灾难。一旦政府丧失了为社会服务的精神和职能,它的存在必然是社会的损失和灾难。如果说清政府对外国侵略势力的妥协是由于外国的压迫而做出的迫不得已的选择的话,那么北洋政府则是为了维护自己的派系(集团)利益,不惜牺牲整个国家的利益,以出卖国家的主权、利益主动交欢外国列强。尽管北洋政府的有些官员也作了一些促进社会经济发展的工作,但与它的巨大的破坏作用相比是微不足道的。因此说北洋政府时期是我国近代史上最黑暗的年代毫不夸张。

国民政府的建立获得了大资产阶级的支持,民族资产阶级的一部分,至少是企业集团的领导人对国民政府的成立是积极欢迎的。与清政府和北洋政府相比,国民政府确有很大进步。国民政府的支持者是大资产阶级,它在法律政策上表现出对他们的偏向是理所当然的。问题是,由于外国侵略势力的干预使国民政府的一些政策不得不照顾外国人的利益,以谋求政府的稳定。在外国势力已经经营近百年的时候要求一个年轻的政府与其抗衡是不客观的,由此而评论说国民政府与外国势力的妥协是完全的卖国行为也有失偏颇。事实上,尽管国民政府的作用与一个成熟资本主义国家政府对资产阶级的促进难以相提并论,但它的确是中国近代史上为促进社会经济的发展作过最大努力的政府。

作为政府来说,为企业发展提供良好的社会经济环境,为管理服务对象提供富足文明的生活状态,促进社会进步和发展具有不可推卸的责任。但是政府又只能是一定社会历史条件下的政府,在政府的主导思想和核心价值理念上不可能超越于时代的局限。同时政府也是由人组成的,由于政府工作人员的思想意识与主导理念不一致,个人利益驱使产生的与政府要求背道而驰的行为及后果都对政府行为和形象产生了很大的负面影响,限制了政府作用的发挥,严重者甚至导致政府垮台。特别是在近代中国复杂的社会历史背景下,政府的作用与理论上要求差距甚大。尽管我们也能看到政府中个别人或少部分人呕心沥血、孜孜以求,力图使政府能够承担起其应有的职责,并在一定时间一定区域产生了一定的影响,但总体来说并没有能够改变被历史淘汰的命运。政府本身尚且如此,冀图获得政府保护的企业处境可想而知。

(三)政府职能对企业的影响

1、法律演进

晚清以前,中国的法律相当简单,一般只有一部法典。直至19世纪80、90年代,维新派才把法制建设作为社会改良的一项基本措施,但他们的建议仍然是笼统的,没有具体方案。百日维新中康、梁等人注重的是政治体制改良,他们认为只有一个稳定的政治环境,经济的发展才是可能的。尽管如此,百日维新期间仍然是近代以来政府颁布法规条例最多的时期,变法百日,颁布了100多项法规。尽管不少被废止,但相当一部分被保留,如颁布的《振兴工艺给奖章程》等保护工商业发展的部分法规章程被保留下来,促进了工商企业的产生和发展,而且更重要的是戊戌变法所代表的历史潮流已经滚滚向前,清政府迫于形势开始向西方学习并进行法制改良。在20世纪初的十年里,清政府颁行了一系列的商法,标志着我国经济法制体系的初建,法律法规已经在促进和保护工商业发展上初步发挥作用。

北洋政府的经济立法较之清政府有长足的进步,这一方面是因为政府中已有资产阶级代表的加入,另一方面中国资本主义的发展也为立法提供了依据。1912年5月14日,袁世凯命令工商部"从速调查中国开矿办法及商事习惯,参考各国矿章,商法,草拟民国矿律、商律,并挈比古今中外度量衡制度,筹订划一办法"。[3]在工(农)商部的努力下,到1921年,先后颁布经济法规达40多项,包括工商、矿冶、金融、权度、农林、经济社团、利用外资和侨资等各方面,已经初步形成了一个法制体系。特别值得一提的是张謇在担任农商总长时,对经济法规体系的建立起到了巨大作用。[4]由于民营企业受到了一定的鼓励和法律一定程度的保护,在北洋政府统治时期,获得了一定的发展,自民国三年九月以后,到北洋军阀覆没前夕,每年注册的公司平均在九十家以上。[5]

国民政府的民商法在北洋政府的法律基础上作了进一步修订,封建性愈来愈少,符合资产阶级要求的条款则不断增加。在国民政府的民商法中,最具特色的是把私有财产不可侵犯的法律原则具体体现在详细的法律规定之中。民法《物权》第765条规定：
"所有人于法令限制之范围内，得自由使用、收益、处分其所有财
务，并排除他人之干涉。"民法在"物权""债权"等编中，以大量篇
幅规定了对各种债权与物权的保护。私有财产所有权的详细界定
体现了资本主义实质，它一方面促进了整个社会增加、保护自己财
产的积极性，使得社会成员尽力从事生产，增加个人财富，并最终
增加社会财富；另一方面，产权的界定便利了经济关系的处置。在
产权明晰的前提下确认契约的自由原则，维护社会经济发展的秩
序。在民法、商事法规中，使用了上千条法律规范，详细规定了商
品关系中各方当事人的权力和义务。例如，民法第二编《债》的第
二章，就用了二十四节的篇幅，规定了买卖、租赁、供货、雇佣、承
揽、运送营业、委任、行纪、居间等二十三种债权、债务关系中的行
为准则。在调整这些关系时，国民政府的一个基本准则就是"契
约自由"，即尊重双方当事人的事先约定，也就是说，契约的缔结
全依当事人的"自由意志"，双方享有平等的权利。不仅如此，为
了防止债权人乘人之危，尤其是针对欺压百姓的情况，还规定了若
干限制条例。如对乘人之危者，依当时情形显失公平者，法院得因
利害关系之人声请，撤销其法律保护行为，或减轻其给付；对重利
盘剥者，如约定利率超过百分之二十者，债权人对于超过部分之利
息，无请求权；等等。民商法体系还改进了公司法。公司法肯定了
外国公司在中国具有和中国公司同等的法人地位，外国人可以作
中国人组织的公司的董事、监事。在公司组织形式上引进了西方
流行的公司"参与制"，公司可以作为"他公司有限责任股东"，"公
司得为他公司的董事、监察人"。

从总体上看，民商法的进步对民营企业尤其是民营企业集团
的发展和扩张有很大促进作用。产权的界定并受到法律保护使民

营企业从法律上摆脱了封建社会中统治者任意索求的顾虑;契约的自由协议原则增加了契约的有效性,减少了契约签订的谈判费用和契约实施的监督费用,这都为企业节约了交易费用,拓宽了发展道路。公司法中参与制的引进从法律上肯定了企业兼并、扩张的合法性,大型民营企业可以通过参股的形式增加经营范围、扩大企业规模,对企业集团的兼并有直接的促进作用。

法律是社会经济发展的保障,具有长期性、权威性和稳定性。政策是一定时期的国家行动准则,具有较短的时效性和灵活性。在政策中对民营企业集团影响最大的是税收政策。

2、税制改革

税收包括关税和国内税。国民政府进行的关税改革给中国民族经济的发展提供了有利条件,促进了民营企业和民营企业集团的发展。

关税,从作用上来看,可分为财政性关税和保护性关税,或二者兼而有之的几种类型。自清政府与外国列强订立值百抽五的协议关税之后,清政府一直没能使外国人同意改变税制。清亡以后,北洋政府最先一次提出修订关税的要求是在第一次世界大战期间,协约国为了促使中国参战,同意以修订关税税则为交换条件。于是北洋政府1917年12月颁布了一个国家关税条例。第二次是在1919年凡尔赛和平会议上,中国政府又提出修订税则,要求实行切实值百抽五,另加2.5%的附加税,并以裁厘作为交换条件。这次要求获得同意,在华盛顿会议上,九国正式承认。国民政府成立后,很快便向列强提出了修订关税的要求。从1928年到1936年,分别于1929、1931、1933、1934年进行了4次关税修订,其主要目的一是为了增强国民政府的财政收入;二是抵制外国商品的倾销,尤其是日、英商品的倾销;三是保护民营工业的发展。从修订结果来看,前两个目的基本达到了,至于保护民营工业的发展,则由于国内外资企业的压力而受到阻碍。从国民政府的财政收入来看,从1928—1936年出现了明显的增长,其间除由东北沦陷造成的关税损失外,由税率提高引起的关税收入一直是增长的。

年份	关税收入单位:百万元
1929/30	245
1930/31	292
1931/32	389
1932/33	312
1933/34	340
1934/35	335
1935/36	316
1936/37	317
1929—1936年关税入总数	2546

资料来源:《中央银行公报》1939年3月,百分比依照资料计算而得。转引自《中国近代财政史稿》第132页。

关税税率的提高阻碍了外国商品的倾销,尤其是对国内产品具有竞争性的商品,在税率提高以后,进口受到了很大影响。据郑友揆先生研究,尽管影响中国进口贸易的因素是多方面的,如:银价的下跌,世界各国对外贸易的普遍萎缩、日本的军事威胁和侵略、内战及自然灾害所造成的饥荒,但主要原因还是税率的提高。

按税准分组的进口商品物量指数（1926＝100）

修订	第一栏					第二栏				
税则年份	19.9%及以下	20－39.9%	40－59.9%	60%以上	总计	19.9%及以下	20－39.9%	40－59.9%	60%以上	总计
1929	107.8	121.8	94.3	－	108.2	103.4	114.3	68.9	－	104.1
1931	102.4	81.1	101.4	33.3	97.6	100.9	79.8	55.3	34.7	95.9
1933	82.7	38.2	51.8	36.2	59.5	79.1	38.2	20.6	20.1	57.9
1934	78.6	50.8	23.1	58.1	56.0	73.1	50.9	23.1	18.1	52.3

资料来源：郑有揆《中国的对外贸易和工业发展》，上海社会科学出版社，1984 年，第 78 页表，分析见第 77—79 页。

外国商品被高税率阻挡的直接后果有二个：一是外国对华输入方式将由商品输入更加大量、迅速地转向资本输入。据统计，1930 年帝国主义在华制造业的投资为全部企业投资额的 15.8%，1936 年这一比例在关内已上升到 20.6%，6 年之内上升了近 5 个百分点，而从 1914 年到 1930 年的 16 年里，这一比例也只提高了约 5 个百分点。[6]虽然促使他们增加投资的因素很多，但关税的提高不能不说是一个重要原因。由于外国企业在中国境内享受与华资企业同等待遇，更加鼓励了这种方式转换。二是中国民营工业的发展。国民政府提高关税的动机除了增加财政收入外，尚有保护国内民族工业的发展设想。20 年代上海的商会改组之后，新式工业家、银行家在商会中已经占据了有利的地位，人数已占董事会的 40%。[7]以上海为中心的全国民族资产阶级要求增加关税的呼声，不能不促使国民政府考虑他们的要求。1933 年宋子文主持下修订的税率最大限度地满足了民族资本家的要求，因此受到了他们的热烈拥护。而 1934 年税率，由于受日本、英国的压力，在调整中很少考虑民族资产阶级的要求,因此受到他们的激烈反对。但是1934年税率的部分调整仍然延续了保护关税的基本精神,因此,总的来说还是对民族资产阶级有利的。[8]

国内税

国内税中与民营工业企业有关的税种从晚清到1936年经历了繁复的变化,直到国民政府成立之后才形成了比较固定的工商税体系。1930年之前,中国工业资本负担的主要税种是厘金。从厘金的创意上来看,它的税率应该是1%,并且是在流通领域里征收,对工业资本的影响并不大。然而随着中国工业的发展,工业品的数量增多,厘金对工业品的影响开始显著起来,而且最主要的问题是,厘金的税率虽然很低,但是由于没有一个固定的全国性的管理机构,厘金的税率在征收过程中很难得到限制,税率常在10%左右,而且极不平均。

1930年国民政府决定裁厘,并于1931年1月在全国开征统税。其实在废除厘金之前,统税已先在卷烟业中实行并获得了较大的收益,裁厘后对棉纱、火柴、水泥等产品实行统税。

统税的实施总算使全国的税收有了统一的标准,新成立的税务机构也减少了个人因素在征税中表现出的随意性和不均衡,而且外国企业的减免税特权被取消,这样至少从形式上来说,全国的工业企业在统税面前发展的机会是均等了,从这个方面来看,它是有进步意义的。

同时统税税率比厘金条件下的税率有了大幅度提高,成为国民政府的一项主要收入。

1927 年—1936 年统税收入表

年份	统税额	占税收的%
1927	6.0	12.9
1928	29.7	11.5
1929	40.5	8.8
1930	53.3	10.0
1931	88.7	14.4
1932	79.6	13.7
1933	105.0	15.9
1934	115.3	27.9
1935	152.3	39.6
1936	131.3	12.4

资料来源:孙翊刚、董庆瑞主编《中国赋税史》,中国财经出版社,1978年,第398页。

但是税率的提高引起了民营工业企业家的强烈不满,统税颁行后,它所涉及的每一个行业每年都有请求减免税的呼吁。所提问题主要为:统税不统,纳税后地方又重征地方税项。税负过重。如卷烟税 1930 年利税率为 5%—20%,改征统税后,1931 年新三级烟税,第一级为 56.4%,第三级为 37.3%。[9]

税收的提高并没有促使国民政府增加对实业的投入,它把财政收入的绝大部分用作打内战的经费。1934 年,国民政府的军务费支出占支出总额的 74.49%,而实业费开支仅占总支出的 0.7%弱,即使加上与实业间接有关的内务费、司法费、交通费,也不过占开支总额的 3.2%[10]政府对实业的支持可说是微乎其微。政府与企业之间是不公平交易。

3、货币改革

1935 年的货币改革是旧中国货币史上最成功的一次货币改革。晚清政府和北洋政府都曾作过货币改革的尝试,其结果都是半途而废,或是取得了局部效果,或是不仅没有扭转货币混乱的局面,反而使币种增多,增加了混乱。

1933 年的"废两改元"是 1935 年进行法币改革的前奏。随着工商业和近代银行业的发展,银两与银元之间的兑换数量也日益增多,元两并行已成为经济发展的重要障碍。[11]事实上,近代银行界和工商界人士早已要求废两改元,统一币制,[12]商业界则在更早时间已在厦门、宁波、奉天等地改用银元统一结算。废两改元的主要反对者是钱庄。废两改元使他们不仅丧失银两、银元兑换所得的好处及佣金,更重要的是,他们通过钱业市场操纵金融的两个重要工具:洋厘和银拆也将随之消除。而且由于 20 年代中期以前钱庄业一直处于上升趋势,[13]废两改元一直未得以实施。

国民政府成立以后,废两改元之议更为强烈,1928 年 3 月 21日,浙江省政府向国民政府提出《统一国币应先实行废两改元案》受到了南京政府的重视。20 年代末,30 年代初的金融状况也为废两改元提供了现实可能性。30 年代初,由于世界银价的上涨,大量的内地银元涌入上海,仅 1932 年一年流入上海的白银就有8950 万元,上海的银元存数也达 42000 万元,巨额的银元存量是废两改元有了较为宽松的金融环境。不仅如此,国民政府成立后钱庄实力也在下降。[14]在这种情况下,1933 年 3 月 1 日,国民政府颁布《废两改元令》,决定废两改元,采取单一的银本位制度。

从纯经济意义上说,废两改元节约了各经济主体在经济活动中的交易费用。由废两改元带来的交易方式的便捷、交易时间的节约、货币流通范围的扩大等等造成交易费用的节省难以计量。[15]

1935 年的法币改革可以看作是 1933 年币制改革的继续。30 年代初,世界经济危机开始波及我国,从 1932 年经济开始大滑坡,工厂关门,企业倒闭已常有发生。而且由于帝国主义纷纷放弃金本位制,致使白银价格迅速上涨,这对银本位制的中国来说,更是雪上加霜,充分暴露了银本位制的弊端。尤其是 1934 年 7 月美国开始实施白银购买法令以后,银价高涨,银根抽紧。"1934 年间中国钱庄收取的利息从每年 6% 上升到 16%。在上海几乎是无论出多大利息也借不到钱"。[16] 中国政府虽然也采取了种种措施,如征收白银出口税和白银汇价平衡税以阻止白银外流,但是却被白银走私将其作用抵消。1934 年国民政府在强大的汇价、财政压力下不得不考虑与银本位脱离,改革币制。

1935 年 11 月 3 日,国民政府正式宣布实行法币改革。

币制改革虽然出发点是解决财政和金融问题,但其结果却比预想得要大得多,它对 30 年代中期中国经济的复苏起了很大作用。[17]

从我们选取的几个企业集团来看,这种作用也是明显的。荣氏集团申新总公司有资产 6898.6 万元,1934 年 6 月底已经负债 6375.9 万元,已经无物向银行抵押借款,实际已经搁浅,总经理荣宗敬宣布退职,银团进驻总公司。申新公司的危机一直持续到 1936 年。法币改革带来的外部经济环境的宽松和农产品市场的活跃,给申新的复苏注入了活力,1936 年以后,申新蒸蒸日上。1935 年,刘鸿生已将全部企业抵押净尽,他把企业遭受困难的原因归结为政府财政改革的失误,他在 1935 年 9 月给刘念孝的信中说:"我们在上海的情况,这些企业毫无例外的正经历一个十分危机的时期。居民购买力的低落,政府政策上的举措不定,特别是财政政策的动摇不定,是使工商业达到今日地步的主要因素。我只是被当前危机所困累的千万人中的一个。"[18]随着币制改革造成的经济形势的好转,刘氏企业也摆脱了困境。法币改革除刺激经济复苏外,也大大节省了企业的交易费用:1、法币由指定银行发行,相比由多种银行发行货币,减少了交易手续。2、减小了由银行倒闭带来的金融风险。3、方便了企业与企业、企业与银行之间的货币结算,等等。

货币统一是政府必须履行的义务,而中国竟然在 20 世纪 30年代才完成这项改革,确为历史的悲剧。但无论如何总算完成了,而且在很大程度上刺激了民营企业的发展。

从晚清到北洋政府,尤其国民政府成立以后,社会中资本主义的性质在加强而封建买办的性质在削减。不过国民政府还是更看重政府利益,财政性关税和国内统一税率的提高,都说明了这一点。同时国民政府在外国列强的压力下改变了一些鼓励民营企业的政策,甚至做出对中国企业有害的决定,这些无疑都给民营企业的发展形成了外部障碍。

二、外国在华企业对民营企业集团的影响

外资企业在中国的扩张给民营企业带来了巨大压力,外资企业的扩张速度并不比民营企业逊色,而且由于外国政治势力的支持和在中国享有特权的保护,加上他们资金雄厚、技术先进,在很多行业都占据着优势,例如机器卷烟业,英美烟公司一家在全国的销量,从 19 世纪初到 1936 年从来没有低于 50%,在大多数年份都在 60% 以上。就是在全国最大的行业棉纺织业中,外资纺织厂的棉纱销量就占 1/3 以上,布在 2/3 以上。[19]

在外资企业的压制下,民营企业尤其是大的企业集团尽管处

于劣势,但还是尽其全力与外资企业抗争,民营企业集团的组成扩大本身证明了他们的斗争是强有力的。

(一)外资企业通过在中国享有的特权压制民营企业

外资企业获得的优惠主要表现为税率的优待。在统税颁布之前,国内工商业担负的主要税种是厘金。1858 年中英天津条约规定,洋货输入中国时,纳进口税从价5%;自口岸内销时,只加纳子口从价税2.5%。[20]长期以来,外货运销内地仅交关税和子口税后即可畅行无阻。外资在华设立企业后,沿袭了这一特权,因此在对民营企业征收厘金(一般税率已达 10%)的年代里,民营企业就遭受着不公平待遇。

国民政府 1930 年裁厘金,行统税,民营企业也没有获得较为有利的税收条件。"由于治外法权的关系,外国工厂与政府商谈税率时就能施加更大的影响",[21]国民政府虽然做到中外企业均等征税,但是在税率分级上明显有利于外资企业。[22]棉纺业统税税率,以 23 支为限分粗细两级,税率相差仅一元。从总体上看,华商纱厂以纺粗纱为主,外厂以细纱为主,粗纱价低而细纱价高。因此,从税率上看,粗纱重于细纱。卷烟业也有类似情况。"从 1928到 1930 年间,高中级纸烟的税率高于低级烟的税率。1930 年 10月以后,中级烟的税率降为低级烟税率的三分之二。1932 年 3 月以后,高级烟的税率大幅度地下降,同时,低级烟的税率不断上升,即从 1928 年 1 月到 1929 年 2 月的 14.67% 提高到 1933 年 12 月到 1934 年 4 月的 57.97%"。[23]这对以生产高中级烟的外国公司自然有利。

需要特别指出的一点是,这样的统税税率对民营企业集团的影响要小于对一般民营企业。从生产能力和产品结构上看,大型民营企业集团已经开始向高质量、高标准的目标迈进,在产品中高支纱、高级烟、安全火柴等产品都已经占有比较高的比例,不同于一般的民营企业。

(二)民营企业与外资企业在市场上的竞争

在外资企业拥有资金、技术,设备,再加上享有若干特权优势的前提下,相对弱小的民营企业必须与外资企业进行激烈的竞争。特别是民营企业规模扩大形成企业集团之后,与外资企业更是势同水火,其竞争也更为炽烈。

民营企业在竞争中依靠的首要力量是爱国民主运动的支持。大凡爱国民主运动高涨一次,民营企业就要发展一步,从19世纪的百日维新,20世纪初的抵制美货运动到辛亥革命、五四运动,再到20、30年代的五卅运动,都有抑制洋货,促进国货的功效。如五卅运动中,南洋兄弟烟草公司出活供不应求,"自五卅案发后,国人提倡用国货,热度日高。我公司近来销场过大,供不给求。各局索货万分急迫"。[24]1928年的济南5.3惨案引发了全国范围的抵制日货运动。荣氏集团中申新藉此获得较大发展,因"日纱不易内销,是以纱价有增无减,各厂一年来均有利益可占"。[25]刘鸿生在回忆自己的创业历程时说过:"真正使我第一个企业成功的主要原因,是那时的爱国运动推动了这个企业的发展,因为当时每个人都愿意买国货。"[26]

但是国货运动毕竟只是随机的短期运动,往往随抵货运动的减退而消亡,因此,爱国民主运动对民营企业的帮助只是暂时的。

对民营企业有所帮助的另一个暂时因素是帝国主义之间的战争,较为明显的是20世纪初的日俄战争和第一次世界大战。日俄战争给东南的民营企业带来了发展契机,尤其是对面粉、棉纱的需求直接刺激着民营资本新设工厂,扩大规模。荣氏企业集团就是在那个时期奠定了基础。[27]第一次世界大战对中国民营企业的作用,许多专家已进行了详尽的研究,在此只指出一点,中国民营企业凡是在此前或在此期间设立的都获得了巨大发展。

面对华商企业的激烈竞争,外资企业除依赖资金、技术、设备的优势外,外资企业还通过对中国政府施加压力,抑制民营企业发展。外资企业经常指控华商企业冒用商标。英美烟公司的实销卷烟只有几十种牌号,却先后向中国政府登记备案了各种名称、图案的商标800余种,常年指控华商烟厂冒牌或影射它的"注册"商标。它在国民党商标局安置了"坐探",凡华商烟厂申请登记商标,都抄送英美烟公司法律部审核,由它提出意见,然后商标局就据此"极力设法核驳"。[28]坐探还将商标局的会议记录、内部档案经常抄送给英美烟公司,以便他掌握情况,指控华商烟厂。事情发展到连盛宣怀都看不下去了,他说:英美烟公司"往往借查拿冒牌为名,至内地倾箱倒匣,稍加阻止,复扭送地方衙门令其惩办。地方官明知华商冤抑,慑于外商势力,往往含糊科罚,而损失主权,冤以吾民,在所不计"。[29]

外资企业还觊觎华商企业,一有可能立即加以吞并。从下表中可以看出,日商在华纱厂增长最快,其纱锭数1905年只占全国的4.33%,到1936年已占全国的41.84%。日商纱厂的飞速增长,除由其本国投资在华设厂外,有很大一部分是购买华厂而来。

全国纱厂纱锭统计表（1890—1936）

年次	全国		华厂			日厂			欧美厂		
	厂数	锭数（枚）	厂数	锭数（枚）	占全国（%）	厂数	锭数（枚）	占全国（%）	厂数	锭数（枚）	占全国（%）
1890	1	35000	1	35000	100	—	—	—	—	—	—
1895	6	180540	6	180540	100	—	—	—	—	—	—
1900	18	509,780	14	349,232	68.51	—	—	—	4	160548	31.49
1905	19	552,628	14	368,148	66.62	1	23,912	4.33	4	160,548	29.05
1910	29	725,852	22	510,008	70.26	3	55,296	7.62	4	160,548	22.12
1915	34	972,968	22	519,996	53.44	6	170,316	17.51	6	282,656	29.05
1920	53	1,450,840	36	842,894	58.10	12	351,662	24.24	5	256,284	17.66
1925	117	2,319,548	68	1,846,052	55.61	45	1,268,176	38.20	4	205,320	6.19
1930	129	4,198,338	81	2,390,674	56.94	45	1,630,436	38.84	3	177,228	4.22
1935	140	5,022,397	93	2,850,745	56.76	43	1,944,504	38.72	4	227,148	4.52
1936	141	5,102,796	90	2,746,392	53.82	47	2,135,068	41.84	4	221,336	4.34

资料来源：编委会编《中国经济史研究资料》（6），上海社会科学院出版社。丁昶贤《中国近代机器棉纺织工业设备资本产量产值的统计和估计》第87—89页表.

三、社会习俗对企业集团发展的影响

中国是一个封建社会历史很长的国家,数千年来流传的思想观念中的传统意识、价值观念、行为规范随时都在制约着人们的行动。近代中国是半殖民地半封建社会,政府残缺不全、经济残缺不全、社会制度残缺不全。近代民营企业生存在这样一个残缺不全的社会经济环境中,既没有维护企业利益的强有力的政府保障,也没有完善的政策法律体系可以依靠,民营企业的生存和发展面临着巨大的制度困境。在制度设计不健全时,非制度因素会发生明显的作用。因此在研究近代中国企业成长环境因素中,必须把非制度因素作为重要的考虑对象。非制度因素是一个非常庞大的概念,不可能逐一列举进行,在这里选择一些重要的因素,如社会意识、风俗习惯、价值观念等,看看在制度不健全的状态下,非制度因素对企业发展的影响。我们曾在第四章对企业内部的传统意识的影响作了一些叙述,现在来探讨一下企业外部的社会习俗对企业发展的影响和作用。

(一)乡土关系[30]

中国人有极强的乡土意识,其实乡土意识也是渊源于家族观念。中国人聚族而居,有的是一个村落同属于一个家族,有的则是几个家族合居一个村落。由于中国人特有的安土重迁的特性,一个村子里的人可以祖传几代不离本土。所以在一个村里绝大多数人不是有亲戚关系,就是有家族关系,大多数地方由于乡里乡亲长久居住在一个地方,形成了相互支持,团结互助的淳朴民风。乡土意识的发扬使许多人只知有邻里乡党,而无视其他社会准则。不少村民不知国家、政党为何物,而对自己的村长、族长却敬畏有加,对自己的邻里礼仪周全。长期受乡土观念熏陶的人们尽管走出了家乡,思想中的同乡意识仍然非常浓厚。明清两代晋商、徽商的发达与同乡之间的相互照应和提携不无关系。就是在近代,尽管资本主义的惟利是图、拜金主义、人不为己天诛地灭等极端个人主义思想对中国人的传统观念产生了猛烈冲击,但是乡土、家族意识依然十分浓厚。

家族意识对企业的影响我们已经分析。就是在企业雇佣的工人中,也根据不同的地域,使用不同的工人。像荣氏集团这样的"最现代"的企业,也避免不了同乡意识的影响。福新二、九厂打包和堆粉的小工,都由头脑刘绍昆掌管。因刘是湖北人,所以手下的工人也大都是湖北人。[31]以后荣氏集团在企业中推广包身工制,工人都是由工头从各地招募,工人中的同乡意识也更加明显。

中国农民到城市企业中当工人也要计算交易成本。在传统经济条件下,交通不便、信息不通,中国农民也很少出远门,对外面的世界几乎不了解。自己出去找工作根本不可能。只是有其中一个同乡出去做工后,才可能知道在工厂里工作会挣更多的钱。带回来这样的信息,于是同乡的人才有出去的愿望。但是到哪里去,做什么样的工作自己没有一点把握,这时候同乡和族人的介绍成为自然的线索。跟随同乡去城里,到企业工作,节约了自己寻找工作机会的成本,减少了与企业谈判工作岗位的程序,甚至解决了住宿问题。有这样的方便条件,很自然地依靠地缘关系、族缘关系解决了工作生活问题。

在近代中国,由于没有成熟的制度环境,农民到城市做工没有制度保障,出于对自身安全的考虑,农民不敢或不愿意到没有自己熟人的地方去工作。所以,正是由于制度安排的缺乏才造成农民对利用同乡、同族关系这种非制度因素的依赖。而事实证明,这种依赖是有效的。由此而形成了近代企业中以乡土意识、家族意识为纽带的工人群体。

(二) 帮会组织

帮会的出现是政府统治软弱的结果。"中国的秘密社会大量出现和流行是在清朝中叶以后,如统治阶级所描述的'伏莽遍地,匪盗横行'。这是社会动荡的反映"。[32]中国传统上政治统治的有效范围只到县一级,乡、村掌握在宗族士绅手中。当乡民一旦远离家乡,这些约束和保护便不再存在。远离家乡的人为了保护自己的利益往往建立一定形式的非正式组织,成为帮会兴起的主要原因。[33]近代社会由于政府行为能力不足,政策法规不完善,正式的制度安排和组织体制不能保护个人的生命财产安全,帮会势力于是甚嚣尘上。旧中国的上海滩帮会势力称雄一时,上至国民党政府首脑,下至贩夫走卒,遍及各行各业。

上海很多企业的老板、经理、工人也参加了帮会组织。由于资本家有钱有势,在帮会中具有较高的辈分,帮会成为企业管理、约束工人的工具,在企业管理制度不能涉及的地方就用帮会的规矩约束工人的思想行为。工头往往利用资本家赋予的招工权利和帮会的地位对工人进行盘剥,也与资本家分享剩余价值。为了对抗资本家的盘剥和欺压,工人也自己组织帮会,或者参加当地有势力的非正式组织,把帮会作为保护自己利益的依靠。刘鸿生的中华码头公司就是一个帮会组织的集中地。他为了有效经营码头业尽力结欢杜月笙,让他的儿子当杜月笙的儿子的家庭教师,由于杜的支持,刘鸿生才能在码头上站住脚。[34]

帮会是社会,非正式组织的比较典型的组织形式,在政府管理能力涉及不到的地方,民间组织成为连接人际关系的纽带。对这些组织的存在,很难简单地进行评价其作用。有些组织被资本家利用,成为加强对工人控制和剥削的工具;有些则是工人的自发组织,成为工人向资本家和管理人员进行斗争的依托。由于政府治理结构的不完善,社会成员需要通过非正式组织保护自己的权益,所以,帮会在近代中国社会不仅没有衰落,反而影响越来越大,成为势力集团争取的对象,由于资本家具有经济实力和更高的社会地位,帮会为资本家所利用的情况就比较普遍。

(三)子女分承制

平均主义来自古代中国对未来社会的美好憧憬。孔子在社会财富的分配上提出的"不患寡而患不均"的思想观念也影响了家庭财产的分配,形成了多子平均继承遗产的习俗,这对近代民营企业的发展来说非常不利。

子女分承制在中国社会流传已久。直到民国以后,在北洋政府进行的社会调查中,民间的遗产分配仍然是子女分承制。[35]在自然经济条件下,对遗产进行子女分承沿袭了"父慈子孝"的理念,作为长辈应该为晚辈提供均等的财产分配,使其能够尽量不发生纠纷。但是,子女分承显然不利于资本的积累。在企业的所有权和经营权还没有办法分割的近代中国社会,对企业资产的分割减小了企业规模,降低了企业的竞争能力,甚至有些企业因为子女分承而倒闭停业。因此,很多中国社会研究者把子女分承制作为制约中国经济发展的主要原因。

尽管近代企业家终其一生都在追求资本的积累、企业的扩大,有的也建立了规模庞大的企业集团,但企业的主要创立者在产业处理的方式上由于不能跳出传统观念的束缚,在家族内部的财产分配上仍遵循平均主义的多子分承,造成了企业的巨大损失。这种情况就是在一些大型企业集团里也没有避免。如荣氏集团、南洋兄弟烟草公司等。

荣氏集团的绝对权威荣宗敬于1938年去世以后,荣德生不愿出任总经理,荣鸿元任总经理又有很多人不满,两房之间的财产矛盾已经初步显露。尤其抗日战争中,由于交通不便,信息不畅,家族内部矛盾和资产分割的不同意见使荣氏企业更难统一管理。抗战结束后,荣家企业集团终于分裂成荣德生为首的天元公司系统;李国伟的申四福五系统以及荣家大房的总公司系统。分裂后的企业远不如荣宗敬在世时的势力和声誉。南洋兄弟烟草公司在简照南去世时后,由于大房二房不睦,再加上简玉阶与简英甫的矛盾,公司生产经营都受到很大影响,最后南洋兄弟烟草公司终于被宋子文吞并。

在家族制管理的企业中,子女分承制往往会对企业的生存和发展造成重大影响,但在家族制受到制约的企业集团里,因老一代退职、去世并没有对企业造成太大的困难。如周学熙集团中,虽然他的几个子侄都在集团企业里担任重要职位,但周氏集团并没有因周学熙的退职和辞世而引起企业的振荡。主要原因就是企业其他股东尚有与其周家家族势力抗衡的实力。裕大华集团的情况则更进一步。由于裕大华采取的是集体管理制,没有一个家族在企业中掌握有绝对优势的权力,因此当总经理徐蓉廷告老退休时,公司主要领导人公推最具管理能力的苏汰余为董事长,保证了裕大华能够继续顺利经营。

(四)封建迷信意识

中国传统文化中,对神的敬仰十分普遍。中国人是多宗教国家,除佛、道、基督等大教之外,还有不可胜数的宗教门派,无论什么神灵都要祈求敬拜。不仅如此,中国人还特别尊崇祖先,迷信风水。只要是能够对个人生活、事业产生影响的神明、祖先,都会成为中国人信奉的对象,从而对其行为方式产生很大影响。这些神明风水之说常被封建势力和民营企业家加以利用,对民营企业施加影响。

地方势力为了保护农业手工业生产方式下的既得利益,往往利用祖先、风水之说阻挠近代企业的设立,这种情况在风气未开的经济落后地区更是经常发生。当荣氏兄弟在无锡建立保兴粉厂时,地主封建士绅数十人联名控告荣德生,其主要罪名就是工厂的高烟囱会影响好风水,要求官方勒令停工。经荣德生花费疏通官府后,方才开工。烟囱安装工作稍有不顺,厂外立时谣言四起,说是立烟囱时需用童男童女祭造,方竖的起。[36]

企业家本身对传统的行业习惯和社会时尚也很看重,如在新企业开工时总要举行一些传统仪式以求获得诸路神灵,尤其是财神的护佑。平时,有些企业主为了生产和经营目的也在工人中间搞封建迷信活动,如一些工头经常向工人散布机器到一定时候会吃人,要求大家好好劳动,不能损坏机器,有些企业还专门为机器举行祭奠仪式。[37]

注　释

1　[美]道格拉斯·C·诺思:《经济史中的结果与变迁》,上海:上海三联书店,1994 年。

2　资本主义社会法律相对于封建社会的律令有着本质进展,主要表现在三个方面:

　　首先,资本主义法律贯穿着"私有财产神圣不可侵犯"的基本精神,这一点对由封建农奴制转向资本主义制度的西欧社会有着非常重要的意义,西欧资本主义社会的法律对私人产权提供了严密的保护,鼓励人们为增加自己的财富进行各种经济活动,促进了资本主义社会的发展。中国的情况则有些不同。从封建社会的法律上看,保护私人产权的精神早已在法律的条文中体现出来,从唐代到清代法律对私有财产如地权、物权、债权都充分尊重,这主要是中国封建制度确立较早,社会中商品经济相对较为发达使然。虽然如此,在晚清社会性质中具有资本主义成分以后,尤其是国民政府建立,大资本阶级掌权之后,由它们制定的带有资本主义性质的法律确实比封建社会的法律有了很大进展,在保护私有财产方面主要体现为法律规定的细化。国民政府的法律制度无论是在种类还是在条文的详细、准确上都远优于大清法律例。法律的细化使产权得到更为严格的保护。

其次,资本主义社会的法律改变了封建社会以人治为主的局面,这一点在中国表现得尤为明显。中国向来重人治,轻法制,封建社会法律的简略为政府及官员留下了很大的余地,他们既可以廉洁奉公,也可以贪赃枉法,而大多数封建官吏选择了后者。法律的健全和细化既详细规定了对产权的保护范围,又限制了不法官吏的行为,可以说在很大程度上提高了对产权保护的质量。

第三,如果从法律的意义上来推究封建社会经济不发展的原因,那就是封建社会的立法思想是以社会稳定为基础的。对于民间经济,封建法律"着重于调节和处理纠纷,惩治不法,维护社会安定,而不在于发展民间经济"。(引自经君健:《清代关于民间经济立法》〈未刊稿〉)而资本主义的法律开始注重促进民间经济的发展,为振兴实业而颁布的多项奖励章程即是明证。

由上观之,资本主义法律在保护产权方面确比封建法律有本质进步,由此而产生的对社会经济发展的推动力也是不可忽视的。

3　《政府公报》第 14 号,1912 年 5 月 14 日。

4　民国初期的经济法规的制定虞和平有专文论述,参见《近代史研究》1992 年第 4 期《国民初年经济法制建设述评》。

5　参见《历史档案》,1984 年 4 期;沈家五:《从农商都注册看北洋时期民族资本的发展》。

6　吴承明:《中国资本主义与国内市场》,北京:中国社会科学出版社,1985 年,第 36 页。

7　许鼎新:《近代上海新旧两代民族资本家的深层结构透视》,上海社会科学院《学术季刊》,1988 年,第 3 期。

8　关于民族资产阶级对关税调整态度的详细情况,日本的久宝亨在《南京政府的关税政策及其历史意义》(经济学术资料 1983 年第 5 期,许鼎新译)和《二十世纪三十年

代中国的关税政策与资本阶级》(程腾荪、钱小明译,1983 年第 9 期)中有全面介绍,可参阅。

9　此种情况可参见陈真:《工业史资料》第 1 辑,第 715—734 页。

10　参见巫宝三主编:《中国国民所得》(下),北京:中华书局,1947 年版,第 293 页表。

11　元、两并行的弊害可参见萧清编辑:《中国近代货币金融史简编》,山西人民出版社,1987 年,第 60—63 页。

12　废两改元的呼吁情况可参见《中华民国货币资料》第 1 辑,中国人民币银行总行参事室编,上海人民出版社,1986 年,第 714—717 页。

13　1914 年上海经营业的钱庄有 28 家,1926 年已有 87 家,1912 年钱庄资本总额为 106 万两;1926 年增长为 1314 万两。参见《中国近代金融史》编写组编:《中国近代金融史》,中国金融出版社,1982 年,第 147 页。

14　上海钱庄 1927 年共有 85 家,到 1937 年只剩下 46 家,减少了 45.9%,参见《上海钱庄史料》第 260 页。

15　只要了解一下 1933 年前中国的货币种类、衡量手段既可以看出工商金融业货币结算的繁琐复杂。具体情况可参见《中华民国货币史资料》第 1 辑,第 679—713 页。

16　(美)阿瑟·恩·杨格(Arthur N. Young)原著:《1927 年至 1937 年中国财政经济状况》,北京:中国社会科学出版社,1981 年,第 224 页。

17　《币制改革以后的中国经济》,(日)久宝亨著,丁日初译,《中国近代经济史研究资料》(5),编委会编,上海社会科学院出版社,1986 年,第 62 页。

　　中国征信所的调查告诉我们,上海工厂的倒闭、停产的数量于 1935 年的第三季度——即正是法币改革前后的时期——达到了高潮,1936 年第二季度以后工厂倒闭、停产的数量比高潮时大约减少了一半。虽然危机状态并不是全部一扫而光,但同国内工业相关的各种状况却是在某种程度上得到了改善。

　　其次看看中央银行根据税务统计算出的中国生产指数,从 1935 年的第三季度到 1936 年的第二季度,同前一年同期相比分别下降了 4%、10.7%,反之 1936 年第三季度增长了 13.3%,第四季度增加了 14.6%,1937 年第一季度增加了 23.7%。《华商纱厂联合会报告国内纺织情景》、《银行周报》21 卷 16 期(1937 年 4 月)第 6 页。

　　水泥业情况可参见《启新洋灰史料》第 269—270 页。

18　上海社会科学院经济研究所编:《刘鸿生企业史料》(中),上海:上海人民出版社,

1981 年,第 29 页

19　严中平:《中国棉纺织史稿》,北京:科学出版社,1963 年,第 201 页。

20　王铁崖:《中外旧约章》(一),北京:三联书店,1957 年,第 99——100 页。

21　(美)小可布尔著:《上海资本家与国民政府》(杨希孟译),中国社会科学出版社
　　1988 年,第 10 页。

22　外国在华企业家为诱使国民政府制定出有利于他们的税率等级,他们对财政部威
　　胁利诱。如英美烟公司,以预附税款的方式诱使财政部改变卷烟税率,使高级卷
　　烟税率降低,低级卷烟税率增高,这样以生产高级卷烟为主的英美烟公司获得了
　　莫大好处,详细情况情参见《英美烟公司在华企业资料汇编》第 848——927 页。

23　方宪堂:《上海近代民族卷烟工业》,上海:上海社会科学院出版社,第 138 页。参
　　见该书第 137 页"纸烟等级税率变更比较表",再见"南洋史料"第 375—379 页。

24　中国科学院上海经济研究所:《南洋兄弟烟草公司史料》,上海:上海人民出版社,
　　1960 年,第 146—147 页。

25　上海社会科学院经济研究所编:《刘鸿生企业史料》(下),上海:上海人民出版社,
　　1981 年,附录第 29 页。

26　民初国货运动状况可参见潘君祥:《辛亥革命与上海国货运动》,《历史研究》1992
　　年 1 期。

27　参见《荣家企业史料》(上),第 16—16 页。如荣家,外国资本再次成为他们的大债
　　主,1917 年他们以申新一厂向中日实业社抵借 40 万日元,1922 年以申新一、二、四
　　各厂向东亚兴业会社抵借了 50 万日元,1929 年收购英商东方纱厂后即以该厂向
　　汇丰银行抵借 200 万日元。申七拍卖事件,参见严中平:《中国棉纺织史稿》,第
　　181 页。

28　转引自:汪熙:《一个国际托拉斯在中国的历史纪录——英美烟公司在华垄断活动
　　剖析》,《复旦学报》1983 年 5 期。

29　盛宣怀言出自:宣统元年(1909 年)11 月 8 日盛到度支部而书载泽函:《盛宣怀未
　　刊信稿》;北京大学整理,中华书局,1960 年,第 199 页;参见《英美烟公司史料》
　　(上),第 668—673 页;《南洋兄弟烟草公司史料》第 73—76、434—437、146—147
　　页;严中平:《中国近代统计资料》。

30　有关乡土意识的材料可参见乔志强主编:《中国近代社会史》,人民出版社,1992
　　年。"同乡关系是地缘关系的外层关系,是同居一地的人们在本乡本土以外的地

区,即外乡外土上的人际关系",第 340 页。

31　上海社会科学院经济研究所编:《荣家企业史料》(上)上海:上海人民出版社,
　　1962 年。

32　蔡少卿:《中国秘密社会》,杭州:浙江人民出版社,1989 年 9 月,第 4 页。

33　中国帮会情况可参见:蔡少卿:《中国秘密社会》,杭州:浙江人民出版社,1989 年 9
　　月;胡训珉、贺建:《上海帮会简史》,上海:上海人民出版社,1991 年 3 月,两书的有
　　关章节。

34　上海社会科学院经济研究所编:《刘鸿生企业史料》(上),上海:上海人民出版社,
　　1981 年,第 314—321 页,刘念智:《实业家刘鸿生传略》,北京:文史资料出版社,
　　1982 年。

35　参见《民商事习惯调查报告录》(二)第四编:《亲属继承习惯》,1930 年 5 月,司法
　　行政部印行。

36　上海社会科学院经济研究所编:《荣家企业史料》(上),上海:上海人民出版社,
　　1962 年,第 12—13 页。

37　编写组:《旧中国的资本主义生产关系》,北京:人民出版社,1977 年,第 250 页。

第七章

企业集团的社会影响

一、企业集团在行业及区域经济中的地位和作用

企业集团是近代先进生产方式的代表,它们的产生和发展不仅对当时的社会经济发展,对企业经营管理方式的转变,对人们的思想观念的更新,甚至对社会习惯的形成等方面都具有非常重要的影响。企业集团无论是从地域上,还是从行业上来看,都具有举足轻重的地位。如张謇集团之于南通,周学熙集团之于唐山,大兴纱厂之于石家庄,对当地的发展发挥了巨大的作用;又如荣氏集团在纺织、面粉业,南洋兄弟烟草公司在烟草业,刘鸿生集团在火柴业都是龙头企业,他们对整个行业发展的促进是不可替代的。

(一)企业集团在区域经济发展中的作用

1、大生集团对南通的影响

大生集团只是张謇实现其"地方自治"理想的一个部分,他不是以企业的发达作为终级目标,而是把企业作为实施他整个改造社会计划的基础。他的主导思想是实业教育救国,他曾说:"非人

民有知识,必不足以自强。知识之本,基于教育。然非先兴实业,则教育无所资以措手。"[1]以大生为依托,他经过30多年艰苦奋斗,终于完成了一项整体性的社会改造工程。这项工程包括以大生为核心的由30多个工商金融企业构成的企业集团,由从幼稚园到大学以及职业学校构成的教育体系,以盐、垦、牧为主体的20多个垦牧公司及附属机构,以地方福利为中心内容的各类社会服务事业。[2]所有这些改造的完成,都是以大生集团的财力,特别是大生纱厂系统的财力为基础的。每年都从纱厂中抽出大批款项投资与其他企业和社会事业,有时甚至将纺织厂抵押以取得资金。像这样竭纱厂之力以支撑整个社会改造注定要走向失败。虽然张謇在南通的地方自治和社会改造做出了巨大的成绩,但这些成就也拖垮了大生纺织系统。[3]然而大生集团的衰落并不证明以企业带动社会发展方针的错误,反而让我们看到了近代实业家救国图存的艰辛和独立无助的悲壮。

2、周学熙集团对地方经济的影响

　　周学熙集团的地区影响与张謇集团在南通不同。张謇身为南通人,桑梓之情是他乐意在南通投入大量的人力、物力。可以说南通以张謇而闻名天下;张謇又以南通而名传后世。周学熙则不同,他在华北创业是因为他在当地居官,而当地又有发展工业的条件。他把主要精力放在企业集团的建立和扩展上,与张謇相比,周学熙集团在地方上的社会影响更具有客观性。

　　周学熙集团的发祥地唐山,在光绪初年只是一个小小的村落。后来之所以成为与京津并称的大三角城市之一,完全是由于工矿业的发展,而工矿业中以周学熙集团的作用较为显著。1877年开平煤矿的建立是唐山开发的起点。1889年唐山细棉土厂是煤矿的副产品。1906年唐山细棉土厂被周学熙从英国人手中收回自办,不久他又创立北洋滦州官矿公司以求达到以滦收开的目的。以这两大企业为依托,周学熙又在唐山建立了华新纺织厂。由于煤矿的扩大,需要大量的瓷管和耐火材料,新明瓷厂相继设立。工业的发展又带动了其他服务行业的产生和发展。1938 年,唐山正式设市,1942 年,唐山有 55 个行业,工矿企业 42 家,有 13 万多人。在当时已是一个相当规模的城市。

(二)企业集团在行业中的地位和作用

在内地创办的民营企业,尤其是民营企业集团对当地的经济社会发展有着比较明显的促进作用,而在通商都市中的企业集团远不如内地显著,因此,我们对处在通商都市中的企业集团考察其在行业中的影响。

企业集团因其规模大、产量高而在行业中处于龙头地位。虽然在中国还没有任何一家民营企业集团在行业中形成垄断,但有些较大的民营企业在行业中比重是相当可观的。例如荣氏集团在纺织、面粉业,南洋兄弟烟草公司在烟草以及刘鸿生的大中华火柴公司在火柴业中都占据着举足轻重的地位。

1、荣氏集团在全国面粉、面纱业中的地位

申新总公司机器设备在全国纱厂设备中的比重

年份	申新各厂 纱锭(锭)	申新各厂 布机(台)	华商 纱锭(锭)	华商 布机(台)	华商申新比重(%) 纱锭(锭)	华商申新比重(%) 布机(台)	布机(台)	全国 布机(台)	全国申新比重(%) 纱锭(锭)	全国申新比重(%) 布机(台)
1920	74280		842894	4310	8.8	25.78	1450840	?	5.1	?
1924	140008	1111	1750489	9481	7.9	17.03	2933742	16273	4.77	9.92
1928	197896	1615	2059088	13117	9.6	17.24	3609680	25818	5.48	8.76
1932	551552	2262	2625413	19081	21	28.1	4599357	39564	11.99	13.54
1936	570000	5357	2746392	25503	20.3	20.3	5102796	58439	11.17	9.08

资料来源：据《荣家企业史料》第613表及严中平《中国棉纺织史稿》第355表计算而得。

茂福新系统在全国面粉业中所占比重(1921 年)

项目		每日生产能力(包)	%
占全国华商 面粉厂比重	茂福新系统	76,000	31.4
	其他华商分厂	166,200	68.6
	小计	242,200	100
占全国 面粉厂比重	茂福新系统	76,000	23.4
	其他华商分厂	166,200	51.2
	外商粉厂	82,200	25.4
	小计	324,400	100

　　资料来源:施复亮《三十年来之中国面粉业》,载《茂新、福新、中新总公司卅周年纪念册》;《旧中国机制面粉工业统计资料》第183页表。

茂福新系统在全国面粉业中所占比重(1932 年)

项目	茂福新各厂全国(东北除外)比重		
	全国关内 各粉厂	茂福新 各厂	茂福新 占全国的%
厂数	66	12	18.2
股本额(千元)	22414.13	7905.84	35.3
粉磨(台)	1129	347	30.7
每日产粉能力(袋)	302,752	96,500	31.9
全年实际用麦量(千袋)	32,558,22	9,815.02	30.1
全国实际产粉量(千袋)	65,224.00	19,994.07	30.7
工人数	7,248	1,699	23.4

　　资料来源:茂新、福新见前表。全国数字据刘大钧《中国工业调查报告》中册,1937 年,经济统计研究所编印。见《荣家企业史料》上册,1962 年,第281 页。

2、南洋兄弟烟草公司是民营企业中最大的一家烟草企业

1931 年全国纸烟产量为 875,265.7 箱,华商企业为 519,115.2 箱,南洋一家的产量是 69,587 箱,占全国产量的 7.95%,占民营企业的 13.4%。[4]与荣家在粉、纱业中的比重相比,它的比重并不高。

茂福新系统在全国面粉业中所占比重(1936 年)

项目	茂福新各厂全国(东北除外)比重		
	茂福新粉厂	全国(东北除外)面粉厂	茂福新占关内全部面粉工业的%
厂数	12	122	9.8
资金额(千元)	9,601.32	29,474.06	32.6
粉磨数(台)	347	1,264	27.5
每日生产能力(袋)	96,500	295,024	92.7
全国实际产粉量(千袋)	16,941.01	63,000	26.9

资料来源:茂新数字据前表(本书)。全国数字据维章《中国面粉工业近况》,载《大公报》上海版,1937 年 7 月 20 日。见《荣家企业史料》(上),1962 年,第 552 页。

3、刘鸿生所领导的全国火柴联营社是刘氏集团进行企业保护和扩张的另一途径

刘鸿生热衷于成立联营社,一方面是因为火柴是资本有机构成较低的行业,进入门槛较低,全国火柴厂的创办一直处于持续增长的态势,尤其是小型厂,成本低,自产自销,对大企业的市场形成巨大威胁。进行联营就是要从总量上减少火柴供应,吞并小企业;

另一方面,组织联营社是为了对付瑞典火柴在华倾销和日本火柴在华北的走私。1929 年下半年,瑞典火柴业降价倾销,"东北各国产火柴厂全数倒闭,广东厂家亦倒闭过半,苏浙皖各厂虽根基较固,其停产亦及小半"。[5]由于国民政府数次提高火柴税率,日本火柴的走私愈禁愈烈,给华南火柴厂造成了巨大压力。[6]为此,刘鸿生采取了行业内部联合以保证同业利益。1930 年成立的大中华火柴公司是先期组织,仅是华商企业的联合。1935 年成立的中华全国火柴产销联营社则已经包括了瑞典集团和日本商人的利益。

这里需要指出的是,联营社虽名为全国,但因广东企业拒绝参加联营社,华南市场被广东占领,其实际控制区则只有华中、华北。而且由于鲁西四十八厂的反对和济南五厂另立组织,使联营社的产量只占华中、华北、鲁豫三区的 84.6%,并没有达到完全垄断的目的。而且在此份额中大中华火柴公司也只有 1/3 的份额。[7]

从以上对民营企业集团在地区经济及所属行业中所处地位及作用的描述中,我们可以产生以下印象:

一是设在内地的企业集团对该地的经济发展有着巨大的推动作用。有些民营企业之所以选择内地,并不是因为内地有更好的经济环境,而且迫于通商都市中行业激烈竞争的压力。在内地设立企业尽管有原料采购和产品销售上的某些便利,但是也有燃料、电力、运输、劳动力、社会环境诸方面的问题。一般说来,只有大型企业集团才有足够的资本在内地毫无基础的情况下设立企业。企业集团有足够的资金建立企业自身的水、电系统,从其他企业借调熟练的工人,自办运输工具。事实也证明,经过一番淘汰,在内地办企业能够支撑下来的大部分是企业集团。由于是在毫无基础的情况下建立发展工业,为主导企业服务的一些附加企业的建立以及一些基本服务设施便成为当地经济发展的启动因素,地方经济也因企业而发展起来。

二是在通商都市中具有有利外部环境的企业集团,在所属行业中起着龙头作用。它们往往拥有该行业最先进的技术、设备,较合理的管理制度,经验丰富的劳动力等等。从总体上看民营工业企业集团是我国近代工业中的先进部分,无论是从企业管理上,还是从行业标准上,企业集团都具有先进性,在整个行业中发挥主导示范作用。

然而这里也指出一点,与西方企业集团经常占据行业产品产销量的高比例不同,中国民营企业在行业中所占份额最大的企业集团也没有超过占全国总量的一半以上,也就是说,任何一个民营工业集团在我国近代都没有形成一个垄断集团。而且,它们不仅不是垄断行业,反而要受到其他企业,尤其是外国企业和官僚资本企业的巨大威胁。由于中国市场体系不发达,企业赖以发展的要素如资本、生产资料等,都不能及时、有效的供应。特别是资金不足问题,一直是困扰着所有民营企业发展的因素,甚至企业规模愈大,资金缺口也越大,这种疲惫的扩张显示了民营集团的本质脆弱。

二、企业集团的领袖人物对社会经济发展的作用

企业集团的发展一方面依靠自身实力的扩张,另一方面还需要通过与政府结交,把持行业公会,结纳地方势力,取得一定优惠条件,为企业发展创造良好的外部条件。由于企业集团已经具有较大的经济实力,在地方和行业中具有一定影响,企业资本家也成为地方的显达名流,社会影响力不断提高,能够争取较多的社会支持。因此,企业集团的发展比一般民营企业更为顺利。

企业集团对社会经济的影响是多方面的。特别是在不发达地

区兴起的企业集团很快就成为地方的经济支柱。不仅如此,由企业发展带来了当地社会习俗、思想意识、价值观念的改变,也促进了社会进步。企业集团影响地方社会的重要方式是通过集团的领袖人物与社会各界的交往。企业集团的老板是企业的代表人物,是企业思想观念意识的集中体现,他们与社会各界的交往对当地的社会风气和习俗的改变有较大影响,在一定程度上对社会进步具有推动作用。

(一)企业集团领袖人物与政府的关系

企业集团与政府有着密切的关系。在民营企业初步兴起的时代,官僚就作为一种重要的力量投资于近代工业。这一传统一直沿袭了整个近代史。由于他们能够借助自己及同僚的官势,为企业发展获得很多有利条件,加快企业扩张步伐,进而形成企业集团。周学熙集团就是典型。其父周馥曾官至总督,他本人在创办私人企业前也曾任开平矿务总局办、长芦盐运使、直隶按察使、北洋工艺局总办等官职,他所结交的包括官场和工商界两方面的重要人物。启新由官营转为私有企业时,又有一批官僚人物参加进来,包括周学熙的亲族和袁世凯的亲族,启新公司的所有董事都有政府官职。

官僚投资于实业,使企业与政府官僚的关系紧密。企业向官员提供一定的经济支持,官员则利用手中的权利为企业谋取特权。由于和政府关系密切,周学熙集团获得了莫大的好处:1、天津官银号的资本支持。启新初办时,周学熙利用其影响从天津官银号以极优惠条件借款100万元作为行本和坐本。2、减免税收。由于官场官僚的照抚,周学熙集团的大部分企业都获得了缴纳正税后即可行销全国的权力。3、依靠官场获得特权。包括垄断原料特权、铁路运输特权等。以后滦州煤矿的创办,华新纺织四厂的创立都通过与政府官员结交获得了类似的特权及优惠。[8]

张謇也是个亦官亦商的人物,他与政府官僚的交往也是企业起步发展不可缺少的因素。同两江总督刘坤一的关系,使他获得贱价出售的官机创办大生纱厂。而且,刘坤一电令通海地方官将存于典当生息的公款"报存"到大生,向当地官、商募集股本。[9]大生开车后,为保证能够获得地区垄断,张謇通过他的影响获得了只有他能够在南通经营纺织厂的专利,1904 年被革官僚朱畴想在海门设立纱厂,被张謇呈请政府加以禁止。[10]

从周学熙、张謇与官僚的交往中可以看出,他们所争取的只是个别企业的特权。利用这些特权一方面可以抵御封建因素的阻挠,增强与外国产品的竞争力;另一方面也使他们获得了优越于其他民营企业的发展条件,形成了不公平竞争的态势。民族资本家并不是作为一个阶级争取对整个民营工业的保护,而是通过个人影响,获得特权。这不仅说明民营企业仍然处在襁褓之中,随时需要国家保护,而且也表明民族资产阶级的实力难以影响政府政策,来维护全体民营企业的利益。

特权优惠的取得也使民营企业付出了代价。启新洋灰公司每年要向北洋政府报效巨款。1925 年直隶财政厅函告启新"以启新公司应缴直省报效款项,积欠数达 200 万元"。[11]除此尚有政府、军队、巡警等各方面都要应酬。张謇也需与官僚大员往来酬酢,对政府举办的一些活动进行资助。除此之外,企业私下送给政府官员股票、礼金则不可计数了。

企业集团的领袖人物还以实业家身份出任政府官员,参政议政。民族资产阶级自其产生之日就有登上政治舞台的强烈愿望,20 世纪初,在参政方面获得了一定成绩,一些大企业和企业集团的老板已在中央政府和地方政府中获得了一席之地。然而,需要指出的是,尽管此时的民族资产阶级提出了振兴实业的口号,也创办了许多的企业,但是无论是以官僚而经营企业的实业家,还是以实业而致仕途的官僚都依然存在着相当浓厚的封建性,他们臀部后面的封建印记特别明显。他们获得一官半职或取得参政的资格,既是希望通过自己的影响制定对企业发展更加优惠的政策或者从政府中得到更多的实惠,同时也是实现自己人生价值的体现,满足传统理念中的官本位思想,很多企业家可能更看重后者。

至 20 年代后期,民营资本主义已经具有了一定实力,20 世纪初兴办实业热潮中产生的企业已具有一定规模,企业领袖有着强烈的参政欲望,而刚刚成立的国民政府也在一定程度上吸纳了民族资本家。几乎每一个企业集团的领袖都在政府机构中有一个虚职,这很难说不是沿袭了晚清民营企业家捐官的传统。

企业集团的领袖与政府官员除公务往来之外,也建立了很深的私人关系。他们利用这种便利为自己的集团谋求更多的实惠。

与老一代资本家不同,20 年代以后产生的新一代的资本家是先作为一个企业家,然后才是一个官僚,他们的身上表现出较多的资本主义性质,而官场习气则明显减少,对政府的影响更为广泛的表现在政策、法律的制定和完善。这不仅反映了民族资产阶级实力的增长,也表现了他们斗争策略的进步。关税改革、厘金裁撤,各种具有保护民营资本主义的法律的颁布不能不认为是他们力争的结果。

(二)企业集团在行业发展中的作用(同业公会)

同业公会是资本家自己的组织,是他们赖以进行各类活动的基地。如果说企业集团老板出任政府职务不过是虚应故事,那么他们对行业公会的地位则异常看重。他们往往以此为基础向政府提出建议,施加压力,在社会上扩大影响。在同业公会中企业家还可以对本行业企业加以约束,采取一致行动。

企业集团的老板因为拥有较大规模的企业,产品产量占市场较大份额,在同业中占据着举足轻重的地位,他们多为同业公会的领袖人物。如荣宗敬曾出任华商纱厂联合会会长、上海面粉厂业同业公会副会长;刘鸿生是中华全国火柴产销联营社的总经理,上海火柴业公会主席。民营企业家以同业公会为基础,多次向政府呼吁减免税收;有的公会还创办本会杂志研究技术改进,扩大社会影响。

(三)企业集团领袖与地方势力的关系

中国向来是一个非制度化的国家,重人治,不重法制。近代中国政府虽然开始注重增强制度化因素,但是数千年的传统习惯非短期可改变。不仅当局者仍然保留着以人治为主的意识,人们的心理上也对人治习以为常而自然接受,大多数人都想与政府官员搞好关系,至少可以减少受他们欺压的可能。即使企业集团老板也难以避免,他们对地方势力心存忌惮,只有极力交结以求免祸。

民营企业集团在发展中不时的遭到地方势力的干扰。如荣家兄弟在建立集团的第一个企业保兴面粉厂时,他们家乡的士绅便勾结在一起,数十人联名控告荣德生私圈公地。结果还是买通官方人员才把面粉厂建立起来。

即使在上海这样的通商都市,在经过西方近百年统治的租界里,企业集团的老板依然需要与地方势力搞好关系。身为“煤炭大王”、“火柴大王”的刘鸿生就非常重视提高自己的声望、地位以维护企业利益。他身居租界,经常周旋于外国人中间,1930年成为第一届公共租界工部局五华董之一,这显然有利于提高他的企业声誉。他还与上海的流氓大亨杜月笙交朋友,在他的儿子获得杜月笙抬举之后,他感到由衷的高兴,一来是认为自己撑足了面子,二来他的企业不会再受到黑社会的威胁。由于在同政府和地方势力的结交中获得了很多实惠,他把自己的这一套做法传授给儿女们。他把自己的儿女分别送到英、美、日等国留学,一为学习技术管理,二则是为将来能与各方面人物打交道做好准备。

企业是生存于特定的社会经济环境中的生产经营组织,它的存在和发展势必会对地方的社会经济发展产生很大的影响。一个企业不仅仅是一个经济实体,由此带来的生产方式的改变、生产组织形式的创新,都会在当地传统社会习俗中产生很大的冲击,打破原来社会经济发展的方向。特别是企业集团老板的生活环境、生活方式、思想观念,在与当地各界人员交往中也会产生潜移默化的作用,一些新思想、新观念会被传统人物所接受。但传统实力派人物能够接受和认同一些新观念,并不是来自新办企业老板的人格魅力,更重要的是他们带来的实际经济利益。按照他们的思想理念、办事方法就能够获得实实在在的经济利益,这比任何号召都有用。因此,在传统势力较大的地方,新式企业能够站住脚并获得顺利的发展,甚至能够改变原来的社会环境,基本动力来自于新的生产方式带来的巨大利益。

三、民营企业中的文化精神和企业文化及其对社会的影响

近年来企业精神和企业文化正在成为管理研究的热点。不少人注重研究西方管理经验结合我国当代社会的特点,探索企业经营管理方式的改革。但很少有人揭开历史的面纱,探讨我国企业界前辈已经创造的企业管理经验。事实上,早在本世纪20、30年

代,我国许多民营企业家已经开始注重加强企业管理,并形成了独特的经营管理方式,有些企业已经开始借助创建培育企业精神和企业文化提高企业管理水平。民营企业集团中形成的企业精神和企业文化不仅成为企业发展的有力支撑,甚至在一定程度上影响了当地的社会观念的更新,促进了社会进步。

（一）企业精神与企业文化的概说

企业精神与企业文化是两个不同的概念,他们之间既有区别,又有密切联系。企业精神是指导企业生存和发展的核心价值理念。企业文化是企业思想、理念、价值观念的具体表现。企业精神相对于企业文化来说,是更高层次的抽象产物。企业精神是企业生产经营思想的抽象、升华和凝聚,对企业文化具有总结概括、指导提高的作用。

企业精神与企业文化又有密切联系。企业精神作为企业文化的灵魂,它贯穿在企业文化的各个层面,反映企业文化的总体特征,基本面貌,决定企业文化的类型,对企业文化的各个方面起统率和规定作用。企业精神也不能脱离企业文化而独立存在,企业文化乃是企业精神形成的基础。简单地说,企业精神是企业文化的核心,企业文化是企业精神基础和载体。

（二）近代中国企业文化形成的历史背景

企业文化虽然只是一种经济文化,却受到整个社会形态和社会意识形态的影响。在中国向半封建半殖民地社会形态转变过程中,既有外国侵略势力对中国主权的侵夺,也有依仗雄厚的实力对中国经济的压迫,同时也包含着中西文化的碰撞。在这种变革的社会中,各种社会思潮杂然纷呈,各持己见:有封建思想的延续,也有资本主义思想的冲击;有追求救国救民的各种社会学说,也有维护统治者利益,为各种反动势力辩护的思想言论。同时,各种宗教思想也颇为流行,基督教、佛教、道教都不难找到自己的信徒。民族资产阶级也不能不受这种思想状况的影响,民营企业家中间存在着各不相同的政治、宗教信仰。受社会环境和企业资本家思想认识的影响,当时的企业文化和企业精神比较繁杂,但是由于面对的客观环境和所要解决的问题在很多方面是类似的,也在企业文化和企业精神的塑造和培养上显现比较突出的一致性,体现在以下几个方面:

1、在民营企业中对爱国主义和民族主义的培育和宣传显示出较为突出的统一性,并且具有鲜明的成长特色。自中国近代工业产生之始,实业救国一直是民族资产阶级颇具代表性的口号。民营企业家也把这种爱国主义、民族主义的精神灌输到企业职工中,形成了当时进步的企业精神和文化的主流。

著名实业家卢作孚青年时即怀有"教育救国"的大志,稍长,又提出"实业救国"的思想,并将之付诸行动,创立了民生公司。在对民生公司管理的过程中,在卢作孚的亲自倡导下形成了完整的企业精神和企业文化,其中爱国主义是重要内容。卢作孚早就对帝国主义报有恶感,民生公司成立之时即在章程中规定:"本公司股东以中国人为限。"[12]卢作孚经常向职工宣传爱国主义思想,公司的宗旨是:"服务社会,便利人群,开发产业,富强国家。"不仅如此,他还采用各种形式强化职工中的爱国主义思想,甚至轮船的船舱内,职工宿舍的床单上都印着:"作息均有人群至乐,梦寐毋忘国家大难"的标语。很多民营企业家如张謇、周学熙、范旭东、简氏兄弟等等都表达过挽回国家权利的思想,并付诸行动。

2、传统文化的渗透在企业精神和企业文化的形成过程中也产生了很大影响。从根本上说,中国的传统文化的精髓是"和谐",即使普通商人也知道:和气生财。近代民营企业家也非常注重在自己企业内部创造和谐的人际关系。20年代以后,西方的科学管理开始倡行于我国工业企业界。虽然科学管理也强调劳资协调,但主要是从行为约束方面硬性规定,很少对工人的心理、愿望进行了解。有些企业强行推广科学管理时,遭到了工人和工头的强烈反对。可惜西方行为学派形成较晚,且没能及时传入中国。但是,中国企业管理在东方文化的基础上形成了独具中国特色的管理体制,有些方面与行为学派的做法非常接近。在传统文化的影响下,近代企业家非常注重企业内部人际关系的和谐,把协调人际关系当作企业管理的重要方面,并形成以此为特色的企业精神和企业文化。

民营企业中树立和谐的精神,主要是通过培养职工的泛家庭意识和朋友情义来笼络职工的感情。中国的家族意识由来已久,人们习惯于生活在熟悉的人际环境中,于是也把家庭关系泛化到社会环境中,企业家则把家庭关系引入到企业中。第三章中我们对企业中的家族管理已有所介绍,这里不再赘述。

家族制管理不太明显的企业中,高级职员中的合作关系是以朋友之谊相连结的。著名的化工巨子范旭东,在创办"永久黄"集团的过程中,就是依靠一帮同甘共苦的知心好友,如陈调甫、李浊尘、孙学悟、侯德榜等一批管理、技术人才,他们也把"永久黄"当成自己的团体,宁愿放弃其他地方的高薪待遇,也愿意和范旭东一起共创事业。李浊尘曾说:"我们都愿意跟随范先生。"[13]这些高级技术管理人员也将范旭东的做法推广到厂内,使企业形成了团结向上的企业精神和文化。[14]卢作孚在民生公司中也很注意发挥朋友的作用,并推广到整个企业,以致在民生公司中,职工都有一种集体主义精神。民生公司在创办时卢任总经理,陈伯遵、黄云龙分任协理,彭瑞成任会计主任,他们的薪金均极低,总经理一月30元,协理月薪15元,其他人员不分职务一律10元。民生公司吸引人才并不以薪金待遇,而是以国家民族的大义和朋友之间的道义相号召。卢作孚常说:"民生这一桩事业,曾得到许多朋友的赞助。"何北衡也说:"民生公司不是实业公司,乃是朋友公司。"[15]

除作为共同的企业精神和企业文化特征外,不同的企业还有各自特色的文化和企业精神。企业主的思想意识对企业精神和企业文化具有举足轻重的作用。天津东亚毛纺厂的创办人宋棐卿由于幼时受基督教的影响,开办东亚公司以后也将基督教的精神带入企业,职工饭堂上油绘着中英文对照的八个大字:"军事纪律、基督精神";宋棐卿还在职工中间建立基督教组织,成立了"东亚职工青年会",凡入会者,自有比其他职工的优待。在宋棐卿的支持、鼓励下,基督精神成为东亚公司企业精神的重要组成部分。西方史学家在分析资本主义兴起的时候,对宗教改革以后的基督教颇为推崇,尤其是对清教徒的道德情操、行为规范备加赞誉,认为宗教改革后的基督教精神成为资本主义兴起和发展的精神支柱。虽然基督教传入我国以后,受东方文明的影响,有一定程度上的改变,但是其基督教义中的博爱、善良、信义则与中国人的和谐文化颇为吻合,由此一些民营企业家也将其作为构筑企业精神和企业文化的基础。

个人的政治主张对企业精神和文化的形成也有很大影响,如卢作孚在民生公司中倡行集体主义,主张相互平等,互相帮助,这与他笃信孙中山的三民主义有密切关系。把公司命名为民生即是一个证明。

（三）企业精神和企业文化的功能与影响

企业精神和企业文化是企业的意识形态层面的东西，它的产生及其特点由企业的物质基础来决定，有什么样的企业，或有什么样的企业家就有什么样的企业精神和文化。企业精神和企业文化对企业的生存和发展又有巨大的反作用，良好的企业精神和文化氛围，对企业团队的团结和统一，对企业的扩大和改进，对企业员工的精神面貌和基本素质的改善都发挥很大的效用。虽然近代民营企业家没有明确提出过企业精神和企业文化的概念，但他们的一些做法显示出对企业思想文化氛围的重视，并切实采取了很多措施构筑符合企业发展需要的精神理念，在企业的经营管理中产生了很好的效果

1、企业精神是企业的核心价值理念，企业文化是企业精神的载体，企业家通过企业精神可以统一全体员工的思想，形成符合企业发展需要的文化氛围。企业规模不大时，企业家可以利用自己的权威和人格魅力进行指挥和约束；规模再大以后，可以依靠建立制度进行管理；但是企业发展成为企业集团时，必须把企业业主的理念贯彻到整个企业所有员工或者说至少是主要管理人员的思想意识中，使他们坚决贯彻执行企业主的思想理念，在一个要求下进行经营管理才能顺利地达到经营目的。企业文化是企业精神的载体，是宣传、灌输企业精神的方式，通过多种企业文化的学习、培育方式使企业员工接受企业精神，营造为企业努力工作的思想氛围。

2、提炼企业精神，培育企业文化能够协调劳资关系，模糊劳资的思想界限，达到共同为企业的生存发展努力工作的目的。在旧中国，民营工业倍受帝国主义欺凌的情况下，以振兴实业，挽回利权为宣传口号的企业精神很容易使企业各层职工产生共鸣，上下

一心共同努力实现企业的大目标。但是这种认同必须由实际行动来支撑,企业主或高层管理者要以身作则,与职工同甘共苦,这样职工才会接受共同奋斗的精神,形成一种文化氛围,激励他们共同奋斗。企业主如果以爱国为幌子,利用职工的积极性赚取高额利润,那就不可能形成一种奋发向上的企业精神,民生精神由兴旺转向衰落就说明了这一点。民生公司在初创时,卢作孚和他的朋友们与全体职工一起同甘共苦,树立了被全体职工所崇尚的民生精神。但由于公司后期业务越来越多,职工也大量增加,高级职员中出现了腐化堕落的现象,上行下效,民生精神开始松懈,很多民生的老职工都有民生精神已经不再回来的感叹。可见,企业精神作为协调劳资双方的精神作用也是有条件的。

3、提炼企业精神,培育企业文化还能够提高职工的综合素质,从而达到更高的工作水平,为企业发展贡献高质量的劳动成果。企业一般从两个方面提高职工素质。一是提高职工的思想境界,使他们放宽视野,把国家、民族、集体的利益与个人的利益结合起来。宋棐卿的《东亚铭》中充满了要求职工为国家,为他人服务的字句,如:"公而忘私者我们要师法。先公后私者我们要征集。"[16] 1935 年,范旭东总结了"永久黄"团体中的奋斗历程,归纳了四项信条,作为全体同仁的行为规范,其内容为:一、我们原则上绝对相信科学;二、我们在事业上积极发展实业;三、我们在行动上宁愿牺牲个人,顾全团体;四、我们在精神上以能服务社会为最大光荣。[17] 为国家、为民族、为集体而工作的精神灌输,再加上集团领导人以身作则的榜样,确实在职工中形成一种号召力,使他们努力工作而很少计较个人利益。二是培养职工的文化素养,提高他们的生产技术水平,来提高劳动生产率。为提高工人的劳动技能,很多企业家在企业内创办了各种形式的培训班、补习班。有些企业为了丰富职工的业余生活,还组织了各种娱乐团体,一来是调剂单调的生产劳动,二则增强企业的吸引力,扩大企业在社会上的知名度。由此企业精神和企业文化通过各种途径向社会宣传,成为引领社会风气改进,打破传统落后习俗的进步因素。同时由于企业内部物质、文化生活的改善,使员工产生自豪感和归属感,以企业为荣,从而更加努力地工作。

树立企业精神,培育企业文化是企业管理中的重要方式。在以资本主义性质为主的近代企业中,获得最大利润是企业主生产经营活动的最终目的。但是,在近代社会这样一个特殊的历史条件下,有不少企业家也会将国家、民族的利益摆在高于创造利润的位置,显示作为中国人的政治良心。很多企业家的终极理想是改造社会,创办实业只是达到目的的手段,因此他们对职工的关心乃是出于自愿,对企业精神的树立也充满至诚,在企业中营造的也是积极向上的文化氛围。因此,很多企业在广大职工的共同努力下,确实获得了非凡的成绩。

注　释

1　《张季子九录·教育录·卷一》。

2　伍贻业:《张謇与南通"近代化"模式》,《历史研究》1989 年,第 2 期。

3　许多论著对张謇的地方经济发展的成就都给予了很高的评价,作者认为姜铎先生在《关于张謇的历史评价》一文中(《经济研究》1989 年第 3 期)所述很具代表性,可参阅。

4　方宪堂:《上海近代民族卷烟工业》上海:上海社会科学院出版社,1989 年,第 101、103 页表计算。

5　国民党政府全国经济委员会:《火柴报告书》,第 3 页,1935 年 7 月,转引自马伯煌:《论旧中国刘鸿生企业发展中的几个问题》,《历史研究》1980 年 3 月。

6　7　上海社会科学院经济研究所编:《刘鸿生企业史料》(中),上海:上海人民出版社,1981 年,第 167—170、245 页。

8　南开大学经济研究所,南开大学经济系编:《启新洋灰公司史料》北京:三联书店,
　　1963 年,第 90——103 页;盛斌:《周学熙资本集团的垄断倾向》,《历史研究》,
　　1986 年。

9　《大生系统企业史》编写组:《大生系统企业史》,南京:江苏古籍出版社,第 16 页。

10　陈真:《工业史料》第一辑,第 364 页。

11　南开大学经济研究所、南开大学经济系编:《启新洋灰公司史料》北京:三联书店,
　　1963 年,第 104——115 页。

12　《文史资料选辑》第 74 辑,文史资料出版社,1981 年,第 74 页;股东以中国人为限
　　并非卢作孚的新发明,自民族企业产生以来,很多民营企业在招股时以此为宗旨,
　　如永安纺织公司、南洋兄弟烟草公司等企业都有类似规定,不招外资入股,大概就
　　是基于两种考虑,一方面是实业救国思想的熏陶,中国人办企业大都有着收回权
　　利,阻扼漏厄的意图,在爱国主义、民族主义运动高涨的时候,依此为号召也可以
　　获得国人的有力支持;另一方面,在中国主权尚不完整,外国资本主义的长期压迫
　　之下,民营企业家惧怕外资入股会仗势欺人,不仅受国人严责,最后恐怕利权尽
　　失。为此,他们宁愿只招华股,利用地利、人和的条件,与外国势力周旋。

13　14　天津市政协文史委等编:《化工先导范旭东》,北京:中国文史出版社,1987 年,
　　第 13、9 页。

15　政协《文史资料选辑》编辑部:《文史资料选辑》第 74 辑,北京:中国文史出版社,
　　1982 年,第 74 页。

16　《工商史料》2,第 120 页。

第八章

结　论

　　本书的目的是希望通过对中国近代民营工业企业集团的发展历程的描述,从一个侧面反映中国近代化的进程。民营工业企业集团是近代中国社会生产力中最先进的部分,它的发展与不发展,尽管也有一些特定的因素在起作用,但其基本轨迹还是与民营工业乃至于民族资本主义的轮廓大体一致的。

　　近代民营工业的发展是一个曲折的历程。从民营工业产生的那一天起,它在旧中国没有获得过一天称心如意、自由舒展的日子。尽管如此,它还是在不断前进的,而且保持了一定水平的发展速度。从甲午战争到第一次世界大战,民族工业资本的年增长率为7.53%。[1]虽然民族工业资本的发展速度后期有所下降,但由于后期基数较大,增加的绝对数量还是在扩大的。1936年,民营工业资本量与外国在华工业资本量已大体持平,而且是官僚工业资本的4.3倍。[2]毋庸讳言,经过数十年的艰苦努力,民营工业已经获得了一定的发展。民营工业企业集团的资本积累速度则又远快于民营工业资本的增长速度,如荣家企业集团固定资产1903年到1922年的平均年增长的速度为41.33%,1922年到1932年的固定资产年增长率为 10.7%，[3] 唯因如此，民营工业企业集团才能够成为实力较强的资本集团。

但是民营工业资本的发展并不代表近代中国资本主义的发展情况，时至 1936 年，国内市场商品值中，近代化工厂产品只占 16.8% 的比重。[4] 中国依然是个农业国，工业的发展还远远满足不了近代化的要求。

民营工业的发展不能脱离当时的社会条件。在近代中国那样一个半殖民地半封建社会中，众多的因素影响着民营工业。我们主要从企业集团的角度分析了政府、外国势力、企业本身等因素的影响。从辩证的观点来看，这些因素既有有利于民营工业发展的一面，也有有害的一面。如果民营资本家谙熟中国国情，善于把握每一种因素的有利方面，他的企业就会顺利发展而逐渐成为实力雄厚的企业集团；如果不考虑中国国情的具体情况经营企业，只能随波逐流，自生自灭。

先来看政府的作用。

从理论上说，政府应该为企业创造生存和发展的环境，并作为它从企业索取租金——税收的报偿。政府也有自己的利益目标，为了维护政府的运作，为政府官员谋取福利，都需要为企业提供服务以换取报偿。政府和企业相互需要，互相促进，共同发展，这是理想状态下政府与企业的关系。

但是，在实际操作过程中，问题立刻变得复杂了。首先是利益的顺序问题。政府在获得税金以后，是先为企业服务，还是先满足自己需要，是主要为企业支出，还是主要为政府行为支出。其次是政府是否有为企业服务的愿望与能力。政府的行为是影响企业发展的最重要因素之一。从近代中国政府与企业的关系来看，政府对企业的保护和推动作用非常有限,对企业的欺压盘剥倒是不绝如缕,如果没有政府的干预,企业会发展得更好、更快。

1. 近代政府以自身利益为重,把维护自己的统治放在第一位,而很少顾及到企业利益。19世纪70年代初,民营企业产生之际,清政府已走向衰亡之路,虽然有人将同治年间称为"同治中兴",那不过是相对战乱之后的恢复而言,并没能挽救清政府的衰败。因此,算起来自1870到1911是41年;北洋政府是从1912年到1926年只有14年;而国民政府从1927年到1937年只有10年,后来抗战爆发,整个国家陷入战争状态。在每一届政府短短的几十年时间里,尤其是面临被推翻的命运时,他们所考虑的是如何维护自己的统治,把能够搜刮到的绝大部分财富都用于政治斗争,而纯经济投入则微乎其微。北洋政府时期,政府每年平均支出的军费和债务费占总支出的70%以上;国民政府时期并无丝毫改善,1927年到1936年,政府的军费和债务费支出仍高居70%以上。[5]在如此高昂的军费、债务支出的情况下,政府很难拿出多少经费支持民营工业的发展。即使在号称挽回利权的名义下提高的关税税率,其主要作用仍是为了充裕财政,提供军费;而借口裁厘起征的统税,后来更演化为对民营企业的变本加厉的掠夺。

2. 近代政府不具备完全自主地扶持民营企业的能力。近代中国无论哪一届政府都或多或少地受外国帝国主义势力的摆布。慈禧要量中华之物力结与国之欢心;袁世凯为做皇帝,不惜答应日本的二十一条;蒋介石离开美国援助寸步难行。政治上的依赖多以经济利益作为交换。帝国主义势力除直接在中国攫取利益外,还通过中国政府采用政治、军事、经济手段来维护他们的利益。中国政府即使有保护民营工业发展的愿望,也必须是在不违背列强在华利益的前提之下。因此,本来就在帝国主义政治经济势力压迫之下的民族经济所能得到的保护就可想而知了。

3.中国民营企业能够从政府那里获得的支持是对民营企业具有一定推动作用的政策法规,由此营造的制度环境从客观上对民营企业的发展具有一定的保护促进作用。不管怎么说,包括清政府在内的各届政府在民族资产阶级的鼓动下都制定了一系列的保护、促进民营企业发展的政策法规,设置了一些适应于近代企业发展的政府机构。1903年商部的设立,可以视为近代经济机构变迁的开始,以此为滥觞,以后在晚清政府时期即有保惠司、平均司、通艺司、会计司、商律局、商标局、公司注册局、工艺局、商报局等管理机构相继设立,促进民营工商业的发展在中央算是有了一席之地。以后机构逐步完善,至国民政府时期,政府机构仿西方建制,已经相当齐全。不仅如此,这些政府机构还颁布了一系列的政策法规,保护工商业者的利益,促进工商业的发展。从清政府起即对创办实业卓有成效者进行奖励,北洋政府甚至还设立了2000万元的实业保息基金,国民政府制定了更为完备的法规政策促进民间实业发展。令人遗憾的是,各届政府对民营经济的支持很多只停留在政策层面,很难有实际的资本资助。历届政府都拿出一定资金创办了一些适合于政府需要的工业,而绝少对民营企业进行实质性扶持。不仅如此,只要有可能,还无时不企图将民营企业纳入自己囊中。即使有些官办企业最后转入私人名下,那并不是国家政府对私人资本的支持,而是某些官僚利用权力之便,对国家资产的侵吞,这样提心吊胆的私有化根本不包含任何国家支持民营企业的含义。

事实上,民营企业对由政府提供的保护、鼓励、优惠政策也很难全面享受到。首先是政策推行不力形成的政策盲区,使企业对政策不了解,无法据此要求保护和优惠。其二,政府官员在执行政策中的追求个人利益的行为,降低了政策的有效性。政府官员的腐败是政策与企业勾通关系的巨大障碍,是政府(官员是政府的代理人)对企业产权侵害的最大威胁。从制度上看,从清政府到国民政府,维护企业产权的法规制度是一个逐渐细化的过程。在制度约束下,政府官员受到的限制从理论上应该越来越大。事实上国民政府官员的贪渎与清政府的官员并无二致,道高一尺,魔高一丈,其手法各异而已。但是,制度的完善毕竟对民营企业起了一定的保护作用,在一定程度上促进了民营企业的发展。

4.从民营企业集团这个角度来看,他们能够从政府那里获得比一般民营企业较多的实惠。由于企业集团具有较大的规模,较为雄厚的经济实力,一般有能力将政府的保护政策落到实处,而对一般的侵害也有较强的抵御能力。而且,民营企业集团的领导人往往是民族资产阶级的上层人物,与政府高级官员有很深的交往,不仅能够在争取整个阶级的利益时,对自己所经营的产业有所侧重,而且能够通过政府官员的关系获得额外的优惠。从这一点上看,企业集团获得了较一般民营企业优惠的发展条件。但是树大招风,虽然一般政府官员的个人侵害对企业集团的威胁较小,但它们随时要防备国家资本的侵吞,荣家集团、刘鸿生集团都有着险遭吞并的经历,而南洋兄弟烟草公司则最终坠入官僚资本的罗网。

再来看外国列强在华作用。

外国入侵对中国近代化的影响是史学界普遍感兴趣的问题,对此看法颇多,各持己见。概括起来有这么几种看法:一是"传统——近代化"模式。这种模式的前身是"刺激——反应"模式。这两种模式强调的都是外国势力的侵入改变了中国历史轨道,而此前的中国则是传统的没有发展的社会。二是"帝国主义"模式和"依附论"。认为外国的经济侵入造成了中国经济的急剧衰落，是中国社会、政治和经济畸形发展极不稳定的根源。三是"中国中心观"。认为中国社会内部产生着巨大的潜势力，尽管外来影响愈来愈大，但这些势力始终占据主导地位，因此，研究的首要任务是为中国近代找出一条固有的"故事线索"，从而总结出中国独有的一部分"超越时空的重要的人类经验"。四是"交互作用观"。认为一方面，中国的苦难停滞、从属地位及政府的腐化堕落，不能仅仅解释为只和内部因素有关，而应当认为是受到强有力的外部影响的结果；另一方面，也不能认为中国是一个在政治、经济和社会方面完全被动的国家，它的内部条件影响着它加入世界资本主义体系的方式，制约着帝国主义对中国施加影响的程度和方式。[6]

在上述几种模式中，我们很难完全同意任何一种模式的观点，不过，他们的研究都给我们以启发，至少可以从多种角度来看待这个问题。

帝国主义的侵略对中国来说影响深远，但从经济方面来说，应该从两方面来认识，在不同的时期有不同的影响，总体来说侵略是其主要的目的。西方资本主义的冲击是世界性的，中国成为资本主义侵略的对象是迟早的问题。如果作一简单的划分，在19世界末、20世纪初之前，从纯经济意义上来说，资本主义对中国的侵略在客观上对中国的有利影响还是比较明显的。其主要表现在：一是给中国带来了资本主义的生产方式——先进的生产技术、设备、工厂组织形式，为近代企业的产生提供了模仿的对象。二是输入了某些资本主义制度。尤其是在租界范围内，以其本国的统治方式为蓝本，外国人建立了一整套适合于发展资本主义的制度设置，尽管租界制度有着对中国主权的严重侵犯和歧视，但就其制度构成和组织来说，比中国政府远为高明。国民政府的一些机构设置既有向西方国家借鉴的经验,也不乏从租界中获得的感性认识的转化。三是输入了一定量的资金。[7]对中国的资本输出其实质还是掠夺中国人民的财富,但在中国近代资本主义初步发展时期注入一定规模的资金,具有加强资本主义实力的作用,对改造封建经济体制来说,有一定的积极意义。

当然,20世纪之前,帝国主义列强已经在中国获得了许多政治、经济特权,拥有比民营资本发展的优越条件,但在民族资本初期发展时表现得还不太明显。20世纪以后,随着民族工业的发展,帝国主义的压力也越来越沉重。民族经济同帝国主义经济势力的斗争开始在各个领域、各个层面展开。

就工业来说,民营企业家对帝国主义最为不满的是他们在华企业及进口商品所享受的优惠和特权,尤其是税收方面的特权。民族资产阶级曾就这个问题向政府提出许多交涉。30年代初关税的提高和税制改革应是民族资产阶级努力的结果。尽管30年代民营企业和外国在华企业负担着同等税率,但外国资本的雄厚、技术的先进、设备的优良远非民营企业能比,他们时时感到外资企业和进口货的重压。总的来说,外国企业在原料、市场、设备等方面都与民营企业进行着激烈的竞争,而且往往能获得胜利,即使对资力相对雄厚的民营企业集团来说亦是如此。事实上,民营企业集团与外国在华经济势力的斗争更加激烈,在它们的发展道路上,无时无刻不存在着被外国势力吞并的危险。在我们选定的几个集团中荣家的申新七厂曾遭汇丰银行拍卖;瑞典资本家曾想过购买刘鸿生火柴厂;英美烟公司曾多次与简氏兄弟谈判要求合并南洋兄弟烟草公司;周学熙赖以起家的重要企业启新洋灰公司,竟是几经周折从外国人手中夺回来的国有资产。

帝国主义压力的沉重只要看一看第一次世界大战期间及历次

抵货运动中,民营企业家扬眉吐气的描述,已可尽知。

综上所述,我们可以有这么一个大致印象,在 20 世纪初以前,帝国主义对中国的入侵在客观上尚存在着开风气之先、有利民营工业发展的因素,但是 20 世纪以后,外资在华工业企业依然保持着相当快的发展速度,直到 1936 年仍与民族工业资本不相上下,已非中国之福。

再来看看企业集团的内部因素。

近代企业对中国来说是新型的生产组织形式,能否在生产中应用得当,尤其是在中国这个传统文化积淀很深的国度里合理使用,是决定企业成败的关键。从近代企业史来看,将外国企业生产管理的那一套做法完全照搬到中国,并不能促进企业的发展;而一味因循守旧,只采用外国的生产设备,而不引进相应的管理制度,也难以有所成就。只有将外国的生产、经营、管理方式加以改造,使其适应中国的国情才能获得较大的成功。

从国外引进先进的经营管理方式,在民营企业家中穆藕初应是首屈一指的人物。从美国回来之后,他就把美国的科学管理方式、公司组织形式在中国推广,并在他所办的企业中切实执行。不幸的是,他只看到了科学管理的先进之处,而忽视了中国国情,他所创办的企业初期虽有所发展,但在众多的股东掣肘之下,他的治厂方略很难实现,所办企业最终也落入他人之手。穆藕初用西方的管理原理经营近代企业并没有任何错误,但他却忽略了是在中国办企业必须遵循中国的一些习俗这一实际情况。

同样,如果只看重外国的先进生产工具,而对传统的管理方式不进行相应的改造,也很难促进企业的发展,在一个传统的社会里,人们思想观念的改变是一件极其困难的事情。人们习惯于将新生事物装进旧有的框架里,而很少考虑改变原来的框架以适应新生事物。在民营企业中,很多企业主虽然引进了当时最为先进的机器生产设备,却保留着最为落后的企业管理方式。在激烈的竞争当中,许多企业都是因为因循守旧、墨守成规而造成的管理不善,致使企业倒闭。

从总体上说,民营企业集团比较注意将引进技术和管理与本国实际情况相结合,注意企业管理的改善。事实上,民营企业集团之所以能够比一般企业发展迅速,经营管理水平较高是其重要原因。当然,企业集团在改造旧的管理体制,引进新的管理方式时也遇到过挫折,如荣氏集团中申新三厂的科学管理改革、周学熙的华新青岛厂的改革等,但他们都能够顺应形势,或逐步解决,或暂缓解决,最终将西方的一套管理模式改造成既能适应中国国情,又能保存了西方管理制度先进性的管理体制,促进了企业发展。

当然,寻找适合于中国近代企业实际情况的管理体制是困难的事情,即使是企业集团,因管理不善而最终易手的也有很多。不过,这也并不是说没有易手的企业集团的经营管理令人十分满意,与一般民营企业相比,他们管理水平只是相对较高而已。有些传统文化中存在的问题,他们也无法解决,如家庭制带来的企业管理家庭化,子女分承制带来的企业集团的分裂,也成为困扰企业集团,影响他们发展的因素。

影响民营企业集团发展的因素还有很多,如社会意识形态等,这里就不再一一申述了。

民营工业企业集团只是民营工业中较小的一个部分,大多数还是中小企业。因此,民营企业集团的发展情况很难反映整个民营工业的全貌,更不能仅仅据此来推断中国近代化的历程。在近代中国社会条件下,民营企业集团尽管受到了各种势力的压迫,但

它们毕竟成长起来了,他们没有被挤垮,只能说是它们的幸运。我
们不能将这些幸运的企业集团作为整个民营工业的代表,事实上,
就是这些企业集团的发展也是历尽艰辛,几经曲折的,由此也反映
出中国近代化的步履是多么的艰难。

注　释

1　2　4　许涤新、吴承明主编:《中国资本主义发展史》第 3 卷,北京:人民出版社,
　　1993 年,第 15、224 页表。

3　上海社会科学院经济研究所编:《荣家企业史料》(上),上海:上海人民出版社,1962
　　年,第 106、264 页。

5　杨荫溥:《民国财政史》,北京:中国财政经济出版社,1985 年,第 13、70 页。

6　这里所列的几种外国势力的影响方式是对周广远:《帝国主义入侵对近代中国经济
　　发展的影响》一文摘要,其主要理论派别及代表人物文中都有详细叙述。参见《历
　　史研究》1988 年第 4 期。有些观点还可参见张仲礼主编:《中国近代经济史论著选
　　译》,上海社会科学院出版社,1987 年版的有关文章。

7　甲午战争前,外国在华投资总额为 119　433　689 美元,工业投资为 14　245　128
　　美元,约为中国政府投资工业的一半。参见许涤新、吴承明主编:《中国资本主义发
　　展史》第 3 卷,北京:人民出版社,1993 年,第 133 页。

后　记

本书耗时数年,于今总算是完成了。其间的酸甜苦辣一时齐集心头,难以叙述。不说也罢,心中自知而已矣。

但是几年来老师的指点、同行的帮助,早已铭刻于心,时刻不能忘怀,在此谨表谢忱。

我要特别感谢我的恩师吴承明先生。学经济史能投在吴先生门下实是我引以为自豪的幸事。3年之中,先生以高深的经济史、经济学造诣对我进行了悉心培养,可以说,在学术上的每一点进步都离不开先生的教诲。尤其是在论文写作期间,先生多次指点迷津,诲人不倦,使我的论文才得以完成。在文章的最后修改过程中,师母不幸逝世,先生仍详细批阅了全文并提出数页的书面修改意见。我有何德何能累及先生如此教化!每念及此,五内俱沸,感激莫名。师恩如海,没齿不忘,怎一个谢字了得。

我还要感谢中国人民大学教授孙健老师一家。来京之前,孙老师已在学术上、生活中给予我许多帮助。入社科院后,更是得到孙老师多方面的指导,他和他的一家在数年来给予我的帮助是我终生难以忘怀的。孙老师治学的严谨,待人的诚挚更是我一生的楷模。

　　我还要感谢社会科学院经济史学界的老前辈汪敬虞、张国辉、聂宝璋、彭泽益、方行、经君健等等,作为经济史学界的大师,他们为经济史研究开辟了广阔的天地,奠定了雄厚的基础。我在当年,有的曾当面请教,有的只是在拜读他们的大作时获取教益,但是无论哪一种方式都使我受益匪浅。

　　我还要感谢许多给予我帮助的良师益友。在本书的写作过程中他们给我提出了很多富有启发性的意见。他们是朱荫贵、叶坦、陈争平、郭予庆、陈庆德等等。

　　最后,要对我的硕士导师、云南大学教授董孟雄先生表示深深的感恩感谢。作为我经济史的启蒙老师,他在做人、思想、学术、生活各个方面给予我的教益是用文字难以表达的。

作者谨记

图书在版编目（CIP）数据

中国近代民营工业企业集团研究 / 张耕著 .
– 北京：人民出版社，2015
ISBN 978-7-01-015514-2

Ⅰ . ①中⋯ Ⅱ . ①张⋯ Ⅲ . ①民营企业—企业集团—研究—中国—近代 Ⅳ . ① F279.245

中国版本图书馆 CIP 数据核字（2015）第 274616 号

中国近代民营工业企业集团研究

ZHONGGUO JINDAI MINYING GONGYE QIYE JITUAN YANJIU

作　　者：张　耕
责任编辑：张秀平
封面设计：徐　晖

人 人 出 版 社出版发行

地　　址：北京市东城区隆福寺街 99 号金隆基大厦
邮政编码：100706　http://www.peoplepress.net
经　　销：新华书店总店北京发行所经销
印刷装订：北京昌平百善印刷厂
出版日期：2015 年 12 月第 1 版　2015 年 12 月第 1 次印刷
开　　本：880 毫米 ×1230 毫米　1/32
印　　张：7.75
字　　数：200 千字
书　　号：ISBN 978-7-01-015514-2
定　　价：29.00 元